OURHOME

あそびと暮らしと部屋づくりのアイデア

子どもと一緒にこんなこと。

整理収納アドバイザー

Emi

大和書房

子どもがいても、ではなく、
子どもがいるからこそ

子どもと、いつもめいっぱいあそぶのって、
意外と難しい。
けれど、子どものことはもちろん大好き！

子どものことを考えて、
自分のやりたい気持ちを我慢したり、
子どもに合わせすぎたりするのではなく、
大人も我慢せずに、
シンプルに楽しいと思うことをする。

子どもと大人の「楽しい！」が
ゆるやかにまざりあい、時を共有すること。
それが、わが家の「あそび」。

子どもに合わせすぎず、大人が引っぱりすぎず、
良いバランスで暮らしたいと思うのです。

私のセミナーに来てくださったあるお客様のお話です。出産前はお花屋さんで働いていらっしゃったそう。リースやブーケをつくることが大好きだったけれど、子どもが生まれてからはめっきり。絶対邪魔される、と思うから子どもが起きているときはできないし、寝かしつけてから、と思っても結局一緒に寝てしまう。そうしているうちに、いつのまにかお花から遠ざかってしまったと。

私も、双子たちが1歳のころ、自分の趣味は子どもが寝てからやろう、と思っていました。でもそんなとき決まって一緒に寝てしまいます。そうすると、「何もできなかった」という後悔と、「どうして寝てしまったの」と自分を責める気持ちが湧いてきて、余裕がなくなり、子どもへもイライラ……早く寝てほしい！　そんなふうに思ったことも。

子どもが起きているときに一緒に！

それならば、と気持ちを切り替え、子どもが起きているときに少しずつやるように発想を変えてみました。邪魔されたり（子ども本人は一緒にやっている気分）、思うように進まないことももちろんあるけれど、それでもゼロではないのです。0・5歩でも確実に進んでいて、やりたいことができている。私の中ではこの気持ちが大事でした。

やりたいことを我慢してストレスを溜めるのではなく、子どもと一緒に楽しみながら、少しずつでも前へ進む。

この話を前述のお客様にしたところ、こんなメールをいただきました。

「今までは、子どもが小さいからとあきらめていたけれど、はじめて、自分がリースをつくる横で、子どもに葉っぱと画用紙を渡したところ、糊で貼り付けたり絵を描いたりと、とっても楽しそうだったんです。そして私も、リースが完成！　今までは、できないと勝手にあきらめていたように思います」

それから2年。そのお客様はお仕事としてはじめられ、いまではアトリエをお持ちになっていらっしゃいます。

子どもがいるから、といろいろをあきらめるのではなく、子どもがいるからこそ、暮らしを楽しみながら。

私自身まだまだですが、そんなふうに思っています。

炊事、洗濯、掃除、終わりのない家事……。子どもと一緒にやる、というと、どこかで「子どもにお手伝いをさせる、お手伝いしてもらう」といった風景を想像されるかもしれません。

実はわが家では、「お手伝い」という感覚がありません。家族みんなで住む家のことだから、家族みんなでするのは当たり前じゃないかな。それは「させる」とか「してもらう」ではなく、せっかくみんなで住む家

家事は「お手伝い」ではなく、あそびの延長として楽しみながら

だから、家のこと、はみんなでシェアしたほうが気持ちがいいし、みんなストレスがないよね、という気持ち。

イヤイヤやるのではなく、環境さえ整えてあげれば、子どもには元々やる気の芽がたくさんあります。土台さえ用意してあげれば、子どもも楽しみながらできるものです。もちろん気持ちにムラはあるけれど!

家事や明日の準備もあそびの一部、そんなスタンスで子どもたちとやってきました。楽しみながら工夫することを、大事にしたいと思っています。

たいせつにしたいと思っていること

1 なんでも、子どもと一緒にやろう！

いわゆる「あそび」はもちろん、それから家事だって、かたづけだってそれから、大人がやりたいことだって子どもと一緒に。

2 あるもので工夫しよう！

おもちゃが欲しい！ みんなが持っているアレが欲しい！ そう子どもに言われたとき、「そんなの買わないよ！」ではなく、「つくってみよっか？」とこたえてみる。子どもの気持ちをいったん受け止めて、別の提案をする。段ボールや廃材、あるものをつかって工夫する背中を見せたいな。その力は大人になっても活きるはず。

3

環境をつくろう！家でも外でも！

子どもが何かをはじめたい！ やりたい！ そんな気持ちになったら、すぐに取り組めるよう、環境をととのえておきたい。あそびに集中できる部屋だったり、自分で準備ができる仕組みだったり。

4

子どもの力を信じよう！

子どもって親が思う以上に、やりたい気持ちを持っているはず。子どもの力を信じて任せることで、子どもにも自信がつくといいな、そんな想いですすめています。考える。決める。あそびながら学べることはたくさんあります。

5

完璧を目指さない

完璧を目指すと大人も子どもも疲れてしまいますよね。あそびも同じこと。大人はつい完璧を求めてしまうので、思惑通りにならないと自分自身がストレスに……自分で自分のハードルをあげる必要はありません。なんちゃってアウトドアや、なんちゃってDIY、おススメです。

はじめに

「家族のシアワセは、暮らしの基本となる『家』から」をコンセプトにOURHOMEを主宰する、整理収納アドバイザーのEmiです。

夫と、2009年生まれの男女の双子と、マンションに4人暮らし。
子どもたちが1歳半のころに仕事復帰をし、子どもたちは6歳となりました。

現在は、整理収納アドバイザーとして著書の執筆、セミナー開催、商品企画を行っています。2015年には、兵庫県西宮に「くらしのレッスンスタジオ」をつくりました。

セミナーやレッスンでは、小さなお子様をお持ちのママにたくさんお会いします。

そんなママたちとのお話の中で最近耳にするのが、

・どうやって子どもとあそんだらいいかわからない
・他のママみたいに上手にあそべない
・本当は自分の趣味を楽しみたいけれど、子どもに邪魔されるからあきらめている

その気持ち、とってもよくわかります。
「あそび」をテーマにした本を書きながら、実を言うと、私も子どもと一緒に寄り添いめいっぱいあそぶのは、ちょっと苦手な母です。

仕事もしたい、自分のやりたいことも叶《かな》えたい。
けれど、子どもと過ごす時間も大事にしたい。

そんな私が思う「あそび」は、子どもと一緒に時を共有すること。
たのしい！　おもしろい！　それから、しんどいだって共有していいんじゃない？

遊びと暮らしはゆるやかにつながっている。

子どもに合わせすぎず、大人が引っぱりすぎず、
良いバランスで、

子どもがいて、いろいろあきらめるのではなく、
子どもがいるからこそ、暮らしを楽しみながら。

この本では、双子との6年間の暮らしの中での子どもとのあそび、そして関わり方、
あるもので工夫できるあそび、また整理収納アドバイザーとして、子どもがあそびやすい部屋づくりについて、綴りました。

私自身まだまだ育児はこれから、ですが、お子様とのあそびにマンネリを感じていたり、これから生まれてくるお子様との暮らしをどんなふうにしよう？　と思われる、そんなご家族のお役にたてれば、幸いです。

emi

もくじ

子どもがいても、ではなく、子どもがいるからこそ …… 2
子どもが起きているときに一緒に! …… 4
家事は「お手伝い」ではなく、あそびの延長として楽しみながら …… 6
たいせつにしたいと思っていること …… 8
はじめに …… 10
わが家のタイムスケジュール …… 14

chapter 1 わが家の一週間

月ようび
あさ ベランダでお花やさんごっこ …… 16
よる 今晩はおうちレストラン! …… 17

火ようび
あさ きなこパンづくり …… 18
よる 保育園のあそびを家でも! …… 19

水ようび
あさ 時々、朝公園へ …… 20
よる 親が好きなことを一緒にやろう …… 21

木ようび
あさ 洗濯ものたたみ、よーいドン! …… 22
よる ごはんづくりもみんなで! …… 23

金ようび
あさ 美容室ごっこ …… 24
よる 金曜日は大好きなテレビ番組の日 …… 25

土ようび
あさ 公園で思い切りあそぼう! …… 26
よる 大人も「楽しい」をガマンしない …… 27

日ようび
あさ 外で朝ごはんを食べよう! …… 28
よる Myノートづくりをじっくりと …… 29

column 1 親にできることって何だろう? …… 30

chapter 2 あそびやすい! 子どものスペースづくり

あそびやすいスペースどうつくる? …… 32
❶ ちいさなスペースをつくる …… 34
❷ 安心安全のための床づくり …… 35
❸ 子どもの目線にあわせたロースタイル …… 36
❹ おもちゃの収納を複雑にしない …… 38
❺ 模様替えをひんぱんにする …… 40
❻ 移動できる収納にする …… 42
❼ 一度リセットしてみる …… 43
column 2 毎年4月は、ゆるめのペースです …… 44

chapter 3 年齢別! 平日の30分あそび

平日の「30分あそび」こんなふうに考えています …… 46
0~2歳の平日30分あそび! …… 48
3~5歳の平日30分あそび! …… 52
Topic 1 わが家の絵本&おもちゃ選び …… 56
column 3 あそびのルーツは、祖母 …… 60

chapter 4 週末あそびをもっと楽しく！

週末あそび！きほんのこころがけ …… 62
専用の道具を使わずあそぶ …… 64
子どもの描いた絵をアレンジしてみよう！ …… 65
時々おめかしして出かける …… 66
がんばりすぎないアウトドア …… 68
Topic 2 旅の荷物はどうする？ …… 74
お店やさんごっこをしよう！ …… 76
なんでも名前をつけてワクワクする！ …… 78
Topic 3 友達FAMILYと週末コテージ旅へ出かけよう！ …… 80
春と秋は大整理大会をしよう！ …… 82
季節のイベントは無理せず取り入れる …… 84
Topic 4 あそびのルーティン化 年間スケジュールを立てよう！ …… 86
時にはおもいっきりダラダラする！ …… 88
かんたん！お誕生日の飾り付け …… 89
Topic 5 わが家の子どもの写真整理 …… 90
column 4 目的を持って旅に出る …… 92

chapter 5 子どもと一緒にDIY！

きほんのかんがえ …… 94
DIYはじめるときはどんなとき？ …… 95
あると便利！きほんのグッズ …… 96
子どものつくえ …… 98
一台二段！看板&ミニテーブル …… 100
チョークで絵が描ける植木鉢 …… 101
壁にペンキを塗ろう！ …… 102
わが家のベランダ …… 104
ままごとキッチン …… 106

chapter 6 みんなの悩みQ&A

Topic 6 パパコラム …… 108
column 5 「大切に」ってどういうこと？ …… 110
Q 雨の日はどう過ごしているの？ …… 112
Q 車の渋滞中や病院の待ち時間……どう過ごしているの？ …… 114
Q Emiさんちはいつも外遊びばかり？ショッピングモールには行かないの？ …… 115
Q 小さなころの思い出グッズはどう残しているの？ …… 116
Q 大胆なあそびをさせてあげたいけれど、後片付けが大変そうで…… …… 117
Q 子どもの習いごと、どうやって決めているの？ …… 118
Q 週末のあそびはいつもどうやって見つけるの？ …… 119
Q 兄弟ゲンカがたえません……どうしたらいい？ …… 120
Q おじいちゃん、おばあちゃんの孫あそびはどんなふう？ …… 121
Q Emiさんちはおもちゃをどのタイミングで購入するの？ …… 122
Q 子どもがテレビやスマホに夢中……Emiさんちはどうしてる？ …… 123
おわりに …… 124

平日の場合

OURHOME

わが家のタイムスケジュール

3LDKのマンションに夫と6歳の双子と4人暮らし。
共働きで、子どもたちは保育園に通う、
わが家のタイムスケジュールです。

	私		子ども
6:30		起床	
	洗濯物たたみ メイク 朝ごはん ゴミだし準備 おふろ＆炊飯器の タイマーセット 簡単に掃除機かけ		着替え 洗濯物たたみ 朝ごはん準備 リュック準備 机に15分すわる ベランダの水やり 金魚にえさやり
8:10		出発	
	仕事へ		保育園へ
18:30		お迎え	
	夕ごはん準備	帰宅 おふろ	夕ごはんづくり (時々)
19:20		夕飯	
	かたづけ		
20:00 〜 20:30		30分あそび！	
21:00		就寝	
	洗濯機のスイッチを押して (朝6:00に 仕上がるよう予約)		絵本を読んで

洗濯物を
たたんで…

保育園へ
行く前に！

今日は
ぼくが切るよ！

おやすみなさい

Chapter 1

わが家の一週間

夫婦共働き、保育園に通う６歳の双子がいるわが家の一週間。
平日はゆっくり子どもとコミュニケーションをとる時間は少ないけれど、
短い時間に濃密に。大人も子どもも、やりたいこと、
やらなければならないことをうまくバランスをとりながら、
そしてやらなければならない家事をあそびにかえて楽しんでゆけたら！
を目指して暮らしています。

水槽の水換えも、ポンプを使ってできるようになりました

金魚のエサは、子どもが扱いやすいように持てるサイズの瓶に移し替えて

monday 月ようび

あさ ベランダでお花やさんごっこ

「ごっこ」あそびにすると、不思議とやる気が出る!

狭いベランダですが、グリーンと金魚を育てるわが家。毎朝の水やり、えさやりは必須です。忙しい朝、できれば子どもたちがやってくれたらとっても助かる。でも実際、「お花に水あげて〜」では子どもたちもすぐには動けない日もあります。そんなときは、「お花やさ〜ん、どのくらいの水の量がおすすめですか?」と、**娘をお花やさんに見たててお花やさんごっこ。**不思議なもので、ごっこあそびになると、やる気満たん!「はーい、きょうはこのくらいがおすすめです〜」と、ホースをもって張り切ります。その時私はベランダが見えるソファに座り、メイク中(笑)。**忙しい朝は、同時進行でいろいろなことを終えたいもの。**メイクも洗面所ではなく、子どもたちが見えるところで空気を共有しながら。

ベランダの工夫は、p.104へ!

よる

今晩は おうちレストラン！

家事もあそびの延長でやれば たのしい！

ウェイターさん、エプロンをつけ、トレイでお皿をはこびます

1歳半から保育園に通うわが家の子どもたち。夕方6時過ぎに帰宅して、お風呂に入り、ごはんの準備。3歳ごろから、子どもたちの気が向いたときにだけ、ホットプレートでごはんをつくったり、配膳を一緒にしたりしてきましたが、6歳ともなると、知恵もついてきて「いや〜！ やりたくない〜」の日もあります。そんなときは……子どもを責めても何もはじまらないので（笑）、専用のエプロンを準備したり、レストランのウエイターさん、ウェイトレスさんに成りきってもらいます。もう6歳だけれど、まだまだ可愛い6歳。意外とノリノリでやってくれるのです。家事は、お手伝い、ではなく、これもあそびの延長として愉しみながら、やり方を覚えていってほしい。小さなときにきほんを知っていれば、いつかは役に立つはず！

ローダイニングテーブルもお客さんのためにきれいに拭きあげてもらっています

ごはんできたよワゴン

前著でも紹介したワゴン。子どもがとれる高さにして、ごはんは自分でよそいます

いつもと違う場所で
食べるとなぜだか
おいしいね！

Tuesday

火ようび

あさ きなこパンづくり

子どもが自分でやりたくなる仕掛けを

子どもたちが自分で準備がしたくなるように、ちょっと楽しみながらつくれる朝ごはんを。パンも自分で焼いて、袋にいれてこどもたちがフリフリ～」 食べるのは、ほら、さっき水やりをしたベランダで。ここで時々モーニング。場所を変えるだけで、子どもにとっては新鮮な気分。朝は自分で食べたいものを、自分でつくって食べて行くのがわが家のスタイル。今はきなこパンブーム。夫と私の分も、お願いしてパンやさんになってもらっています。

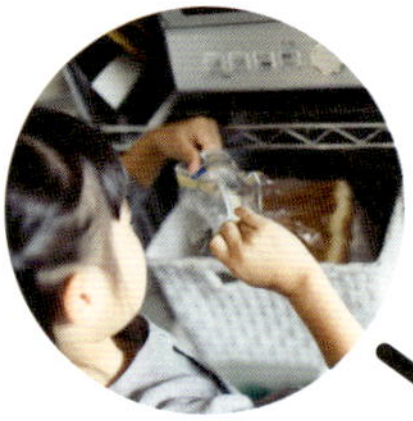

手の届くところに
パンがあって

ビニール袋にきなこと
砂糖を入れてフリフリ～

きなこパン、
できた！

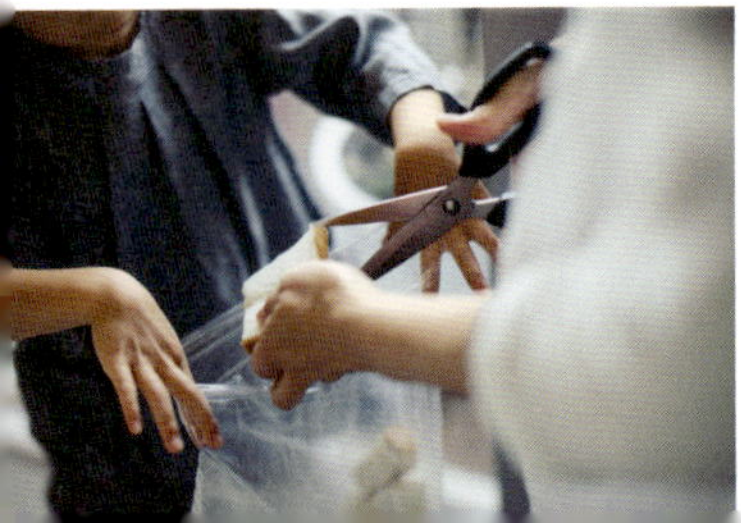

パンはキッチン
ばさみで切って

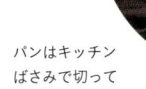

よる

保育園のあそびを家でも！

あそびのプロを真似しよう

つみきを使ったドミノも保育園では大流行

保育園から帰宅後、お風呂に食事、かたづけをすると、寝る前にあそべる時間は限られています。本当は私もダラダラしたいので、真剣にあそぶのは30分だけ、と決めています。勝手なルールだけれど、家事をしながらの、ながらあそびを長い間やるよりは効果的な気がしているのです。

でも、あそびを毎日考えるのは大変。そんな時は「保育園でいまなにやってるの？」と子どもに聞いて、それをそのまま家でもやります。これ、実はとても理にかなっていると思うのです。保育園では年齢に合わせたあそびを先生が用意してくれています。あれこれ考えなくても、子どもにとって良いあそびを探すシンプルな方法だと思います。

収納も保育園を参考にしているわが家ですが、あそびも同じ。いまは、あやとりがブーム。子どものほうが、私より知っていたりして教えてもらうことも！

折り紙も年齢によって折り方が変わってきました。家では子どもが取れる高さに折り紙の引き出しを

Wednesday

☀あさ　水ようび

時々、朝公園へ

朝から体を動かすと
気持ちがいいね！

いつもは6:30だけれど
早い日は5:30に
スマホ目覚ましで！

ここ最近、夫は早朝に30分、ジョギングやサッカーをするようになりました。ある朝、「ぼくも行く！」「わたしも行く！」と、子どもたちが起きてついていくことに。とっても楽しかったようで、みんなイキイキ。楽しい！が大前提なので、もちろん毎日強制ではなく、起きられたときに、行きたい人だけ。あ、ちなみに私は公園には参加せず……。早起きできたらコーヒーを飲みながら少し仕事をするようにしています。

保育園の先生から、**朝から活動的な子どもは、園での過ごし方も違う**というお話があり、たしかにそうだな〜と。朝から早起きできた日は、ごはんもたくさん食べるし、時間に余裕ができますものね。

平日夕方にはあそぶ時間がなく自転車にも乗れないので、ときどき朝に！

朝早く起きるための大人の工夫

起きてすぐ出られるスウェットを着て寝る

冬は暖房をタイマーでいれておき、あたたかく！

よる

親が好きなことを一緒にやろう

親も自分がやりたいことをガマンしない

さあ、週の真ん中、水曜日の夜、ここを過ぎるとほっと一息……。夕飯を食べたあと、今日の30分あそびは、雑誌のコラージュ。これは、実は私がやりたいこと。でも、子どもが寝てしまってからやろうと思っても、結局一緒に寝てしまうことが多く、それならいっそ、子どもが起きている間に子どもと一緒に、というスタンスに。ひとりでやるのではなく、ちょっと邪魔をされても一緒に。3歳ごろからやり始め、6歳の娘は、もう立派なコラージュノートが。ホットケーキに、餃子、時々アイドルの写真も（笑）。自分の「好き」なものばかり集まったノート。小さいころから、自分の「好き」を知ることができたら、情報が多い今の時代に、たくさんの中から自分で選びとる力がつくのではないかと、思っています。

50冊以上続けている、私の“好き”がつまったmyノート

娘はコラージュと、絵を組み合わせて

Thursday

木ようび

あさ

洗濯ものたたみ、よーいドン！

家事もゲームにしちゃおう！

前著『おかたづけ育、はじめました。』でも書いた、毎朝の洗濯ものたたみ、もちろん今も続けています。あれから子どもたちも少し大きくなり、小さい洗濯かごでは、乾いた洗濯ものがはみ出ることが多くなってきました。そこで、子どもたちと一緒に、雑貨やさんにMY洗濯かごを探しにいくことに。好きなカラーを自分で決めて選びました。

気持ちにもちろんムラはあるけれど、やる気がなくなってきたら、「どっちが早い？　いっせーのーで！」の声かけ。**ゲーム形式でこれもあそび！と置きかえれば、毎日の家事が少しでもラクに、そして気持ちもラクになります。**

スタックストーの浅いかごを選びました。深すぎると洗濯ものをためすぎるので。

「バケットＬスリム」

stacksto,／1,000円（編集部調べ）

身支度ロッカーに、たたんだものをしまいます

私が考えたスカート折り♫

ホットプレート料理は、わが家の定番。子どもたちにやる気があって、でも、わたしがしんどいときは……、狭いキッチンでみんなで立ってやるのは難しいので、ダイニングで一緒に夕飯の準備をします。餃子100個も、つくるたびにどんどん上手に、手早くなってきました。はじめた3歳のころは、ぐちゃぐちゃだったけれど、いまでは同じカタチが綺麗に並びます。家事だってあそびの延長。手を動かして餃子を包むのは、折り紙のような感覚？なのかな。

できた！

それぞれが
好きな折り方で

餃子の具の材料をビニール袋に入れてモミモミ

餃子の皮でつつみます

ホットプレートに並べて焼こう！

髪のゴムの収納は洗面台の引き出しに。子どもが自分で取れる高さにあります

Friday

金ようび

あさ

美容室ごっこ

ごっこあそびって楽しい！

毎朝、娘の髪を結います。やってもらうのが嬉しい日もあれば、出発するぎりぎりまで、くちゃくちゃの髪のままの日も……。「髪の毛くくるよー‼」と、何度呼んでもだめな日は、私が美容師さんになりきって、「いらっしゃいませー、今日は500円でヘアアレンジさせていただきます、いかがですか？」と声をかけるとすぐにやってきます。「どちらからお越しですか？」「今日はどんな髪型にされますか？」と聞いてみたり。働いているため、平日はコミュニケーションをとる時間が少ないので、この時間もなかなか貴重。最近は自分で結べるようになってきたので、自立がうれしいような、はたまたさみしいような……。

平日の服は子どもが自分で選ぶ決まりのわが家。平日服はこのかごにおさまるくらいと決めています

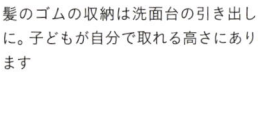

よる

金曜日は大好きなテレビ番組の日

ルールを決めたらOKなことも!

「テレビはどうしてる?」ママ友からもお客様からも時々聞かれる質問です。

うちの子どもたちは、テレビは大好き（笑）。子どもたちが大好きなテレビもよく一緒に見ます。アイドルなんて……と思っていた私たち夫婦も、子どもたちの影響でいつのまにか大好きになっていました。大人と子どもが好きなものが、ゆるやかにまざりあっていけるのも良いことだな～と。大人が決めたルールで、かたくなにNG！ではなくて、少し心をひらいてみる。どれどれ？ そんなに好きなら、おかあさんも1回見てみようかな～。家族が興味のあるものをシェアできたらシアワセだなと思います。

DVDの収納は桐のBOXに（「桐のはこ。」／OURHOME／2個セット2,600円）

DVDのBOXはみんながわかりやすい「ファミリーライブラリー」の一角に置いてあります

Saturday

土ようび

あさ

公園で思い切りあそぼう！

週末は外あそびをできるだけ

土曜日の朝は、だいたい近所の公園へ。5歳ごろからサッカーが大好きになった息子。夫が息子につきあってサッカーをしていると、近所の小学生たちが「ぼくたちも一緒にやっていい？」と入ってきました。それがもう1年以上前のこと。そこから、週末になると、わが家のインターフォンが鳴ります。「一緒にサッカーしよう〜」と誘いにきてくれた小学5年生たちと、毎週サッカー。おにいちゃんたちは息子にとってあこがれの存在。あそびを通して、年上のおにいちゃんや、年下の小さな子との関わりができればうれしいなと思っています。

すぐ公園に行けるように、外遊びセットはひとまとめにして、車のトランクにスタンバイ

公園で飲むコーヒーもこんなふうにかごに入れると持ち運びがラクです

私も近くの公園に行くときは、ホットコーヒーを家から淹れて。あそびにきていた近所のママ友と一緒に

よる

大人も「楽しい」をガマンしない

大人になるって楽しいな、を見せたいな！

土曜の夜は、わが家に誰かがあそびにきてくれたり、友人の家にあそびに行ったり。

子どもがいると、なかなか外に飲みに行ったりはできない……だからといってガマンはせずに、大人も子どももゆるやかに愉しめる家飲みがイチバン！　お昼過ぎから集合し、飲んだり食べたり、途中公園に行ったり。仕事の話、子育ての話、家事の話、あっというまに時間は過ぎていきます。子どもが楽しめるのももちろん大事だけれど、子どもに合わせすぎず、大人もしっかり楽しんで。

元々は、夫と私、それぞれの友人が家族を連れて集まって、いつのまにかみんな仲良く。友達とごはんを食べるって楽しいな、大人になったらこんな楽しいことが待っているんだって、伝えられたらな〜とひそかに思っています。

子ども用のつくえをつないで長ーいテーブルに。こうすると大勢座れます

食べ物は持ち寄りで。ガラスの保存容器に入れて出先ではそのまま器に

Sunday

日ようび

あさ

外で朝ごはんを食べよう！

もっと気楽に外ごはん

さあ、日曜日！　いいお天気の日は、朝ごはんを持って公園へ。……といっても手作りの朝ごはんを持って行くわけではなく、パンやさんやコンビニで買ったものを持って行くことも。

朝早めの公園は、人も少なく、のんびりしています。**楽しむことが目的なので、準備は簡単、ラクちんに！**　紙皿と紙コップ、こういうときは使い捨て容器に頼ってラクさせてもらっています。

木登りに挑戦！

ジッパー付きビニール袋に、紙皿とナフキンをセットにまとめて持って行きます

よる

Myノートづくりをじっくりと

ノートで自分をふりかえる

日曜の夜はできるだけ、家でゆっくり、を心がけています。子どもたちが最近はまっているのは、自分のノートづくり。息子は、「サッカーノート」、娘は「デザインノート」。サッカーの練習をしたあと、ここがよかった、ここをもっとがんばりたかったなどを書いています。記録することは大切、自分のふりかえりにもつながるし、何より時々机にすわって集中することって大事ですもんね。10分ほどの時間ですが、大事な時間です。夫は、いつか、息子がサッカー選手になったときのために、このノートを大事にとっておくそう（笑）。日曜の夜は早めに寝て、明日からの週に備えよう！

手作りした子どものつくえに座って書いてます

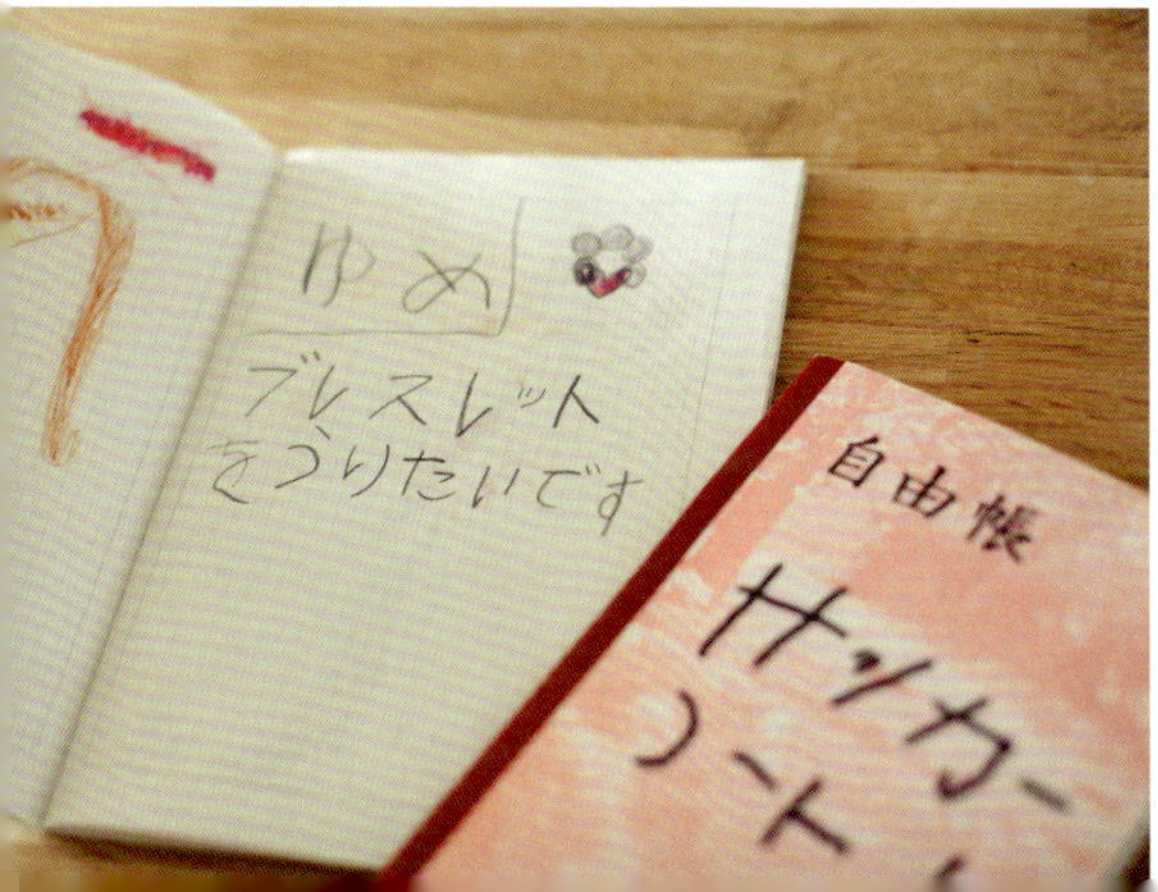

左がデザインノート、右がサッカーノート。それぞれに個性が

column 1

親にできることって何だろう？

7年前、思いがけず双子を授かりました。生まれてきてくれた子どもは、男の子と女の子。はじめての育児が双子。小さく生まれ、病院通いが大変なときもあったけれど、しんどかったときの記憶は忘れてしまっているのか、小さいころを振り返ると「楽しかった！」という思い出がほとんどを占めています。

双子育児しか経験していない私ですが、この6年間の育児を通して感じるのは、子どもって「持って生まれた何かがあるのだ」、ということ。

同じ日に生まれ、同じように育てているけれど、性格は正反対のふたり。几帳面で慎重派の息子と、大雑把だけれど楽天的な娘、です（あくまで今のところ）。育った環境は全く同じはずなのに、こうも違うか〜というくらい、捉え方も、考え方も違うことがあります。そう思うと、子どもって、みんな持って生まれた何かがあるのだ、と。

親としてできるのは、その子どもの持っている「何か」に気づき、それを上手にアシストしてあげること、それができたら良いな、と常々夫婦で話しています。できないことを無理にさせるというよりは、できることをもっと伸ばしてあげられるような。

子育て6年半とまだまだこれからですが、あっという間に大きくなる子どもたちをしっかり見てあげたいなと思っています。

Chapter 2

あそびやすい！
子どものスペースづくり

子どもたちが安心して、そして集中してあそべる
環境をつくれたらなと思っています。
そうすると、子どもも嬉しいし、大人も気持ちがラクですよね。
この章では、わが家がどんなルールで、
スペースづくりをしているのか、また整理収納アドバイザーとして、
子どもがあそびやすいおもちゃの収納のルールをお伝えします。

あそびやすいスペース どうつくる?

子どもが思いっきりあそべて、元に戻しやすい、そんなスペースづくりのルールをご紹介。

子どもたちが安心して、のびのびあそべるスペースをつくりたい!

子どもにとってストレスがないのはもちろんのこと、親にとっても、子どもが集中し、落ち着いてあそんでくれたら、安心だし、イライラも少なくなりますよね。

そんな子どもスペース、わが家は、子どもたちが1歳半から通う保育園を参考につくってきました。というのも、ある日ふと、保育園にはおもちゃがたくさんあるというわけではないのに、なぜ子どもたちはいつもすごく楽しそうにしているのだろう? と疑問に思ったのです。そういえば、保育園では年齢にあわせたおもちゃが厳選されていて、収納だって、子どもがあそびやすく、元に戻しやすいように工夫されています。

これを参考にしない手はありません。もし、保育園や幼稚園にまだ行かれていないお子さまをお持ちの方は、ぜひ児童館や短期保育体験などで参考にしてみてくださいね。

あそびやすい！ 子どものスペースづくり

わが家のルール

わが家は保育園を
参考にしています

ルール 1　ちいさなスペースをつくる

ルール 2　安心安全のための床づくり

ルール 3　子どもの目線にあわせたロースタイル

ルール 4　おもちゃの収納を複雑にしない

ルール 5　模様替えをひんぱんにする

ルール 6　移動できる収納にする

ルール 7　一度リセットしてみる

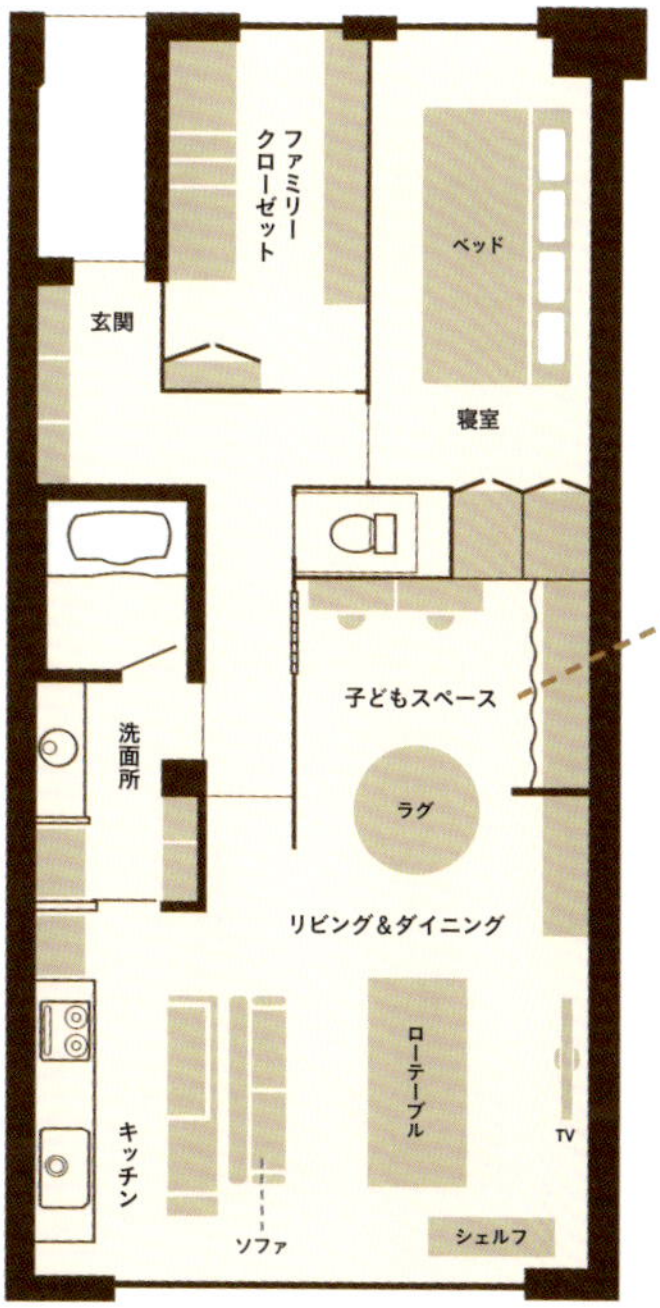

わが家の間取りと子どもスペース

▶ 一般的なマンション3LDK
約80㎡　家族4人暮らし

リビングから続く4畳を子どもスペースに！

あそびやすい

ルール

I

ちいさなスペースをつくる

広〜い空間のほうが子どもは遊びやすい? いえいえ、私の感覚では、子どもは小さいスペースのほうが安心して過ごせるような気がしています。

また、散らかったおもちゃを元に戻すのもカンタン。

保育園や児童館でも広い部屋の、角ごとにコーナーをつくっていますよね。

家の中では、リビングの一角、ソファのうしろ、リビングから続く和室、などに小さなスペースをつくるのがおすすめ。

わが家は、リビングから続く洋室を子どもスペースとしています。

1
0〜2歳
@前の家

ソファ横の一角を子どもスペースとしていました

2
3〜4歳
@今の家

4畳のスペースに、ボックスを積み重ねて

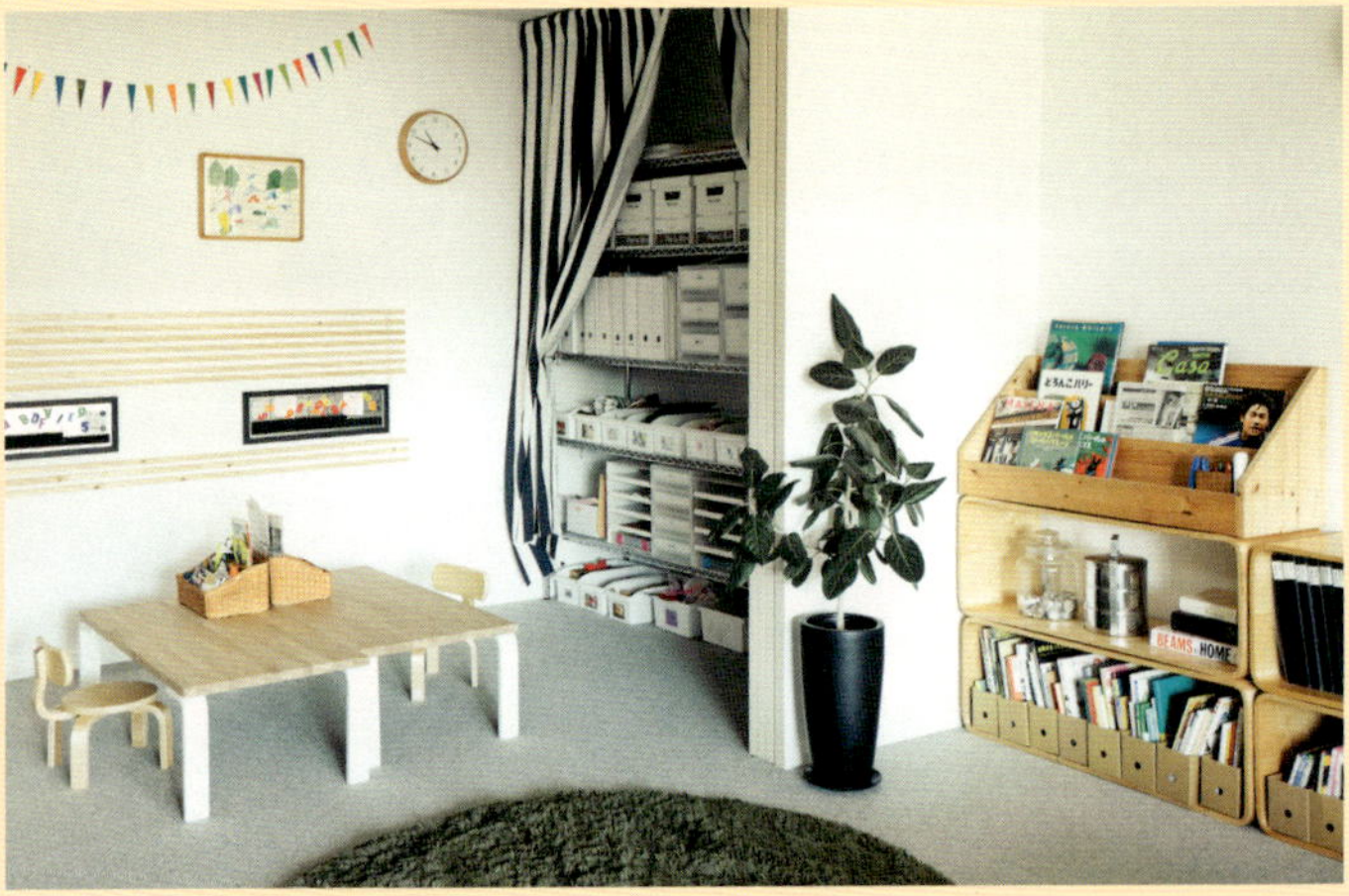

3
5〜6歳

あそびが細かくなり、同じスペースに机を置いて。手前がリビング。子どもスペースとつながっている状態

あそびやすい
ルール
2

安心安全のための床づくり

小さいうちは、どうしてもおもちゃを投げたり、
音をならしてあそんだりは当然あること。
そのたびに「ダメ〜!」と言わなくてもすむよう、
安心安全のための工夫があるとよいなと思います。
わが家では、2歳まで住んでいた前の家では、コルクマットを敷いて。
現在は、子どもスペースもリビングも、
タイルカーペットを敷いています。

以前の家ではコルクマットを敷いて安心&防音対策を

もともとオールフローリングでしたが、こんなふうにタイルカーペットを敷き詰めました

コルクマット
45㎝四方のコルクマット。わが家が使っていたコルクマットは現在は販売終了しているようです。

タイルカーペット
並べるだけのタイルカーペット。(NT-336 ベーシック50×50㎝／サンゲツ)

あそびやすい
ルール
3

子どもの目線にあわせたロースタイル

わが家は、元々あったダイニングテーブルの脚をつけかえ、
ローダイニングとして利用しています。
くつろぐため、が導入した大きな理由でしたが、
今となっては、子どもたちとあそびやすい！ と気がつきました。
子どもが「おかあさんあそぼ〜!」と誘ってきたとき、
気が乗らないときもあるのが正直なところ（笑）。
そんなときに、ロースタイルだとごろごろくつろぎながらあそべます。
子どもにとっても、つみきやトランプ、
なんでも床であそぶことがおおいですもんね。

ドミノ上手にできるかな？

床上35cm!

お父さんと
ビー玉あそび

来客時も
みんなであそべる

ダイニングテーブルと子どもの机の高さがほぼ一緒です

TOPICS

子どもの目線になって、歩いてみよう!

子ども部屋をつくったり、収納を考えたりする際は、ぜひ、お子様の目線になっていちど部屋を歩いてみてください。たとえば、ハイハイ時期の赤ちゃんなら、ママもハイハイして。3歳ごろのお子様なら、ママは膝をついて。大人の目線とは全然違った景色が見えるはず。危ない箇所に気づけたり、使いやすい高さを発見したりも!

UNO―!!

あそびやすい
ルール
4

おもちゃの収納を複雑にしない

保育園でのおもちゃ収納を見てみると、子どもたちに今、あそばせたいおもちゃが、棚にゆったりと並べられています。あそぼう！ と思ったときにあそびやすい収納。広いスペースがとれない一般的な家では、そっくりそのまま真似はできませんが、わが家では保育園を参考に、子どもでも取り出しやすいかんたんな収納をつくっています。

オープン棚＋かごでシンプル収納@3～5歳

わかりやすい!
すべて見渡せる
オープン収納

1ジャンル1ボックス
中身はざっくりでOK

扉もフタもなし
1アクションでとれるから
あそびやすい

\ Point! /

子どもが管理できる量を持つ

適正量を持つ、ということも保育園で学びました。保育園では着替えの衣類は一人にひとつのかごにおさまるだけ、と決められています。子どもが自分で管理できる量を考えることも収納を複雑にしないことにつながっています。

もっと小さい頃は…段ボールにポイポイするだけ

おもちゃの箱を入れかえよう！

収納アドバイスをさせていただいているお客様のお話を伺うと、
最初に入っていた箱にそのままおもちゃを戻すように子どもに伝えていた、
という方が多くいらっしゃいます。実はこれは子どもにとって大変なこと。
元に戻しにくいだけではなく、「あそぼう！」と思ったときに、
すぐ箱から取り出せなくてイライラ……あそびやすいためには、
元の箱ではなく、ゆったりとしたかごやボックスに入れ替えるのがおすすめ。
そうすると、あそび終わったら元に戻しやすくなります。

箱から出して → **オープンボックスに収納**

これなら置き場所に困る「作りかけ」の収納もばっちり！

つみきも！

レゴも！箱から出して！

Point!

細かいものの収納は？

細かい文房具も箱から出して、1ジャンル1ボックスで収納しています。中は多少ざっくりでもOK！

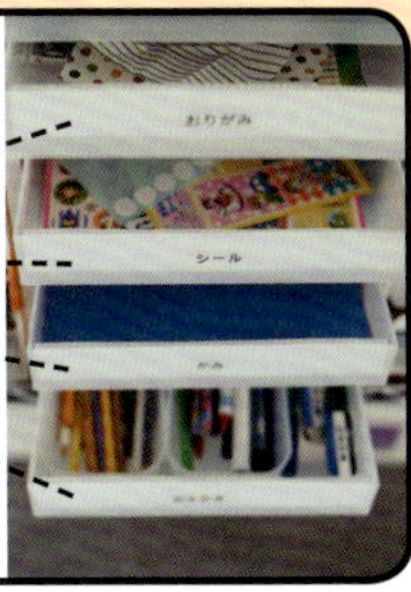

あそびやすいルール 5

模様替えをひんぱんにする

子どものあそびがマンネリ化してきたり、新しいおもちゃが欲しい〜
とだだっ子がはじまったら、私は「模様替えのサイン!」と捉えます。
これも、保育園で学びました。園では一ヶ月に一度くらい、机や家具の
レイアウトがひんぱんに変わります。同じ部屋、同じおもちゃでも、
家具やおもちゃの位置が変わるだけでとっても新鮮。そういえば最近あそんで
いなかったおもちゃを思い出したり、レイアウトが変わった机を見て、
ままごとがはじまったり。大人にとっても模様替えは新鮮です。
飽きてきたら新しい家具、おもちゃを買い替えるのではなく、
今あるものを少し動かすだけで新鮮な気持ちであそべます。

\はじめよう!/

子どもと一緒にプチ模様替え!

気楽に動かせる机からスタート!

基本パターン ▶ 向かい合わせ

6歳の今は、向かい合わせでいることが一番多いです。お互いの顔を見ながら、折り紙やお絵かきなど。

◀◀ これをどんなふうに模様替え?

机の作り方は、p.98参照

パターン1 ▶

壁づけで

集中したいときや、向かい合わせでは気分が飽きてきたときは、壁づけに。

パターン2 ▶

L字にして

机は書いたりするだけではなく、ままごとあそびなどに。L字カウンターで、お店やさんごっこのはじまり。

パターン3 ▶

リビングと子ども部屋に分けて

大きくリフレッシュしたいときは、リビングと子どもスペースに分けてそれぞれに置いてみたり。

あそびやすい ルール 6

移動できる収納にする

ルール④でご紹介した、すべて見渡せるオープン収納、に加えて、
「移動できる収納」であることも、あそびやすい! につながります。
子どもは一カ所にとどまってあそぶ、ということはなかなかありません。
あっちの部屋でもこっちの部屋でも。そんなときに、おもちゃをひとつずつ
運ぶのはなかなかストレス。一箱持っていけばすぐあそびがはじまるように、
箱ごと移動できるようにしておくのがおすすめ。

1 折り紙を引き出しごと取り出して

2 好きな場所へ運ぶ

3 さあ、ここであそぼう!

おもちゃボックスでも!

1

2

3

あそびやすい

ルール

7

一度リセットしてみる

あそびもマンネリ、また、だだっ子がはじまった!
でも模様替えする時間はない……、というときには、
とにかく「一度リセットをする!」。いっせーの! と、みんなで元に戻すもよし、
タイマーで時間を区切るのもよし、とにかく一度リセットするだけで、
気持ちが新鮮、また新たなあそびがはじまります。
これは、大人の仕事もそうですよね。机の上が
ぐちゃぐちゃ……を一度リセットすると、
また新たな角度から仕事に取り組めたり。
子どもも大人も効果てきめん!
一度やってみてくださいね。

before

\ ごちゃごちゃ~ /

after

column 2

毎年4月は、ゆるめのペースです

双子たちが1歳半の春、育児休暇を経て仕事復帰をしました。もう自我が芽生えたころの保育園入所。今思い返しても、心がきゅっと締め付けられるくらい、ふたりは連日の大泣き。仕事から帰宅後は、もう手がつけられないくらいに暴れて泣いて。どうしたらいいのか……と真剣に悩んだ1ヶ月。

今ではすっかり大好きな保育園で、行くのをいやがることもありませんが、園庭の桜を見ると、このころのことを思い出します。

クラスや先生や環境が少しずつ変わる春。子どもたちにとってはウキウキワクワクだけではなく、やはり少しのドキドキもあると思うのです。それもあって、わが家は毎年、4月は少しゆるめのペースを、と言い聞かせています。仕事のペースだけではなく、子どもたちのことも。

いつもはできている明日の準備、おかたづけ、それも、ちょっとくらいできなくたってOK！　わがままも、外で頑張っている証拠かな〜と、気長に見守るよう努力しています（あくまで努力……ですが）。

春は、ゆるめのペースで！

Chapter 3

年齢別！
平日の30分あそび

子どもたちが保育園に通うわが家。帰宅から就寝までの間に、
子どもと触れ合える時間は限られています。
心がけていないと、つい、家事の合い間合い間の“ながらあそび”になりがち。
あるときから、「平日は子どもと30分だけしっかりあそぶ！」と決めました。
そんなわが家の、「30分あそび」を年齢別にご紹介します。

平日の「30分あそび」こんなふうに考えています

わが家は、双子たちが1歳半のときに復職し、夫婦共働きで保育園生活は5年になります。平日は保育園へ行っている時間が多く、帰宅後はお風呂に夕飯、明日の準備——とバタバタな日々の中、「最近、子どもとゆっくり関われず、あんまりあそんであげられていないかも……」と不安になった、ママ初心者の時代もありました。

「おかあさん、あそぼ〜！」と声をかけられても、ごはんをつくりながら、洗い物をしながら、の「ながらあそび」が続くと、子どもたちのイヤイヤがひどくなり、双子同士のケンカがはじまったり。

そんなとき、ふと目にしたテレビで、「1日ずっと、しっかり向き合って、遊ばなくては……と思わなくても、集中して1日30分、しっかり関われたら十分ですよ」と、ある教育関係の方が、おっしゃられていました。なんだかすーっと気持ちが軽くなったことを覚えています。

それ以来、平日忙しい中、ずっと子どもに関わるのは難しいけれど、「集中して30分は、家事もせず、スマホも見ずに、しっかりあそぶ！」と決めています。

たった30分、されど30分。この効果はとっても大きくて、子どもたちが落ち着いたり、わたしも心の安定が保たれるような気がしています。

この章では、年齢別に、わが家がしてきた「平日30分あそび」をご紹介します。あそびに困ったな……というとき、今日はなにしようかな？　というとき、参考にしてくださったら幸いです。

0~2歳の 平日30分あそび！

平日 30 min

1歳ごろまでは自分で工夫してあそぶというより、
目の前の興味があるものにどんどん
引き込まれていく、という年齢ですよね。
わが家の場合、こんなことをしたら楽しいだろうな～という、
お金のかからない工夫あそびを毎日30分楽しんでいました。

2 ひっぱりだしても OK引き出し

引き出しをあけるのが大好きな1歳ごろ。「ダメ！」というのが大変、そして可哀想で、たたまなくてもいいスタイやタオルを入れ、「あけてもOKな引き出し」をつくっていました。

1 ぽいぽいボックス

「かたづけよう～!」といってもまだわからない年齢だけど、「ぽいぽいしよ～!」の声かけで、一気に放り込み。かたづけもあそびの延長で。

3 とにかく歌をうたう♪

双子たちが両手抱っこだった時代は、おもちゃであそぶのも一苦労。もうおもちゃを使ってあそぶのもしんどい……というときは、とにかく歌をうたって時間を過ごしているときもありました。

4 段ボールでとんねるごっこ

大きな段ボールはとっておいて、とんねるやおうちごっこにしちゃおう。

5 絵本の修理

赤ちゃんのころは、絵本をビリビリに破いてしまうこともありますよね。そんなときは、絵本の破れた破片をあつめてクリアファイルにまとめて一旦保管。時間を見つけて、「これ、なんの絵本でしょうか?」とクイズを出して、絵本を本棚に取りにいくあそびを。一緒にテープで直します。

7 ピクニックごっこ

床にレジャーシートがわりの布を敷き、子どもたちが食材を並べ、ピクニックごっこをよくしていました。お皿に盛りつける、並べる、など、続けていると、少しずつ上手になっていったりと、成長の変化がよく感じられました。

6 毛布でいないいないばあ

毛布1枚でこんなに面白い!?というくらい大笑い。布が1枚あるだけで、くるまったり、かけたり、ひっぱったりと、あそびの工夫でどんなふうにも楽しめます。

お絵かき 8

画用紙と水で落とせるクレヨンでお絵かき。大きめの模造紙があると時間がもち、重宝しました。

9 洗濯たたみ

3歳になる少し前のころ。このころはひとつずつたたんで並べるのがブームでした。

10 ままごと

スカーフを三角巾にし、エプロンをして、ままごと。お店やさんになりきっています。オープンの棚の向きを変えて、カウンターにしたり……。マンネリにならないようにレイアウトをよく変えていました。

11 はさみを使う日

2歳半ではじめてハサミを持たせてみました。折り紙やチラシを切ってあそぶだけですが、真剣そのもの！

3~5歳の

平日30分あそび！

だんだん自我が芽生えてきて、「こんなことをしたい！」「あんなことがしたい！」という年齢に。子どもが興味をもったときに、それを広げるように、家にあるもので工夫をしてきました。今では、こちらから与えずとも自分なりに工夫してあそぶことを考えているようです。

1 手づくりすごろく

保育園ですごろくを覚えて帰ってきて、家でもやってみることに。私が画用紙に描き、「ぎゅーっとだっこする」「へんなかおをする」など項目を一工夫。その後、子どもたちが自分でつくりはじめました。

2 ミニカップでとんとん相撲

毎日飲む乳製飲料の容器をつかって、トントン相撲をつくりました。

3 折り紙でネイルごっこ

ネイルに興味がでてきた娘が考えたもの。折り紙を切ってネイルに見立てています。わたしはお客さんとして、参加です。

5 ソフトボールで的あて

やわらかいボールをつかって的あてを。壁に数字をはって、何点か競います。

4 国旗づくり

サッカー好きになった息子は、ワールドカップを見て、外国に興味をもちはじめました。世界地図を壁にはると、見よう見まねで色鉛筆でかきはじめました。

6 おもちゃの整理

え？ これもあそび？ と思われるかもしれませんがこれも立派なあそび！ おもちゃ箱ひとつだけをひっくり返して、「いる／いらない」を選んでいきます。「おねえちゃんぽい？ 赤ちゃんぽい？」「これからも大切にしたいもの？ いとこにゆずるもの？」とひとつひとつ考えていっています。30分もあれば、おもちゃ箱3つは十分整理可能。

1 まずはぜんぶ出す

2 いるものを選ぶ

3 完成！ 不要のものは“ゆずるボックス”へ

7 廃材でボーリング

入浴剤のカラの入れ物をつかって、ボーリング！ テレビ番組でボーリングの存在を知り、それの真似っこをしました。

8 ねんどでドーナツやさん

100円均一のカラフルなこむぎねんどが大活躍しています。まぜあわせて、ドーナツづくり。並べてトングを使い、お店やさんごっこ。

9 マッサージやさん

「もみもみして〜」と、マッサージの要求！ 6歳にもなると、抱っこ！ がなくなってラクだけどちょっとさみしかったり。息子と娘、交代でお客さんになり、時々全身マッサージをしています。

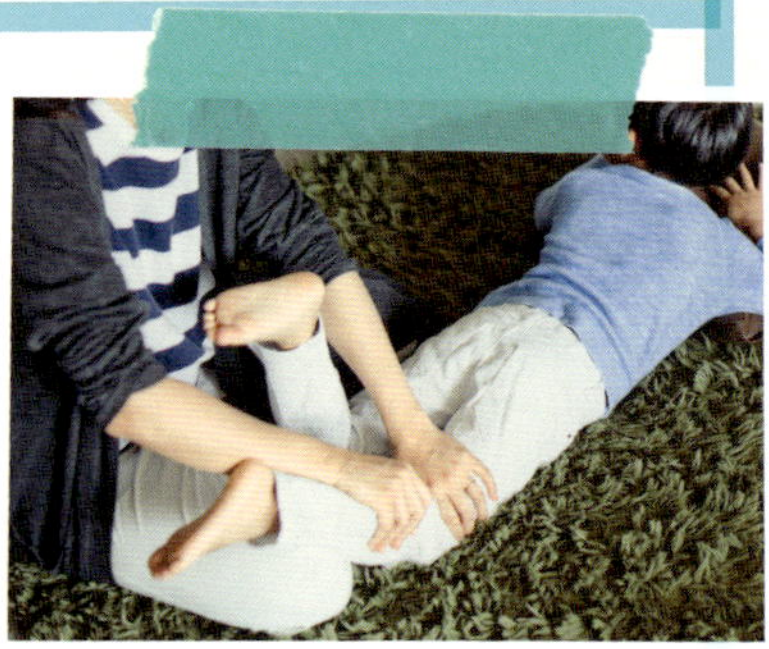

10 手づくりぬりえ

「ぬりえがほしい！」と言われたときに手持ちがなければ、手がきをすることも。スマホの画像検索ででてきたものをかいています。「ぬりえ 無料 フリー」でダウンロードして印刷することも。

11 夕飯の材料切り

子ども専用の包丁を誕生日にプレゼントし、時々夕飯時には、材料カットを担当しています。あそびに気持ちの余裕がないときは、夕飯づくりを30分あそびにあてることも。

12 雑誌のコラージュ

P21でも紹介したコラージュ。娘に雑誌を一冊わたすとこんなコラージュが！ なかなかサマになっています。

13 新聞紙でゴミ箱づくり

＼できた／

折り紙の延長で、新聞をつかって、ゴミ箱をつくってもらっています。私の母に教わって、そこから娘のおしごとです。あそびでつくったものが、暮らしに役立つのがうれしいみたい。枝豆やみかんのゴミはこれに捨てるように毎回言われます（笑）。

Topic 1

わが家の絵本&おもちゃ選び

平日はゆっくり絵本を読む時間がなく、寝る前に1冊ずつ、がわが家のルール。思い出の絵本を紹介します！

『はらぺこあおむし』
エリック=カール／著
もりひさし／訳
偕成社
絵本のなかにある小さい穴に何度も指をいれてあそんだ懐かしい思い出が蘇ります！

『もこもこもこ』
たにかわしゅんたろう／さく
もとながさだまさ／え
文研出版
もこっ！ にょきにょき 不思議な擬音の音に惹かれ、何度も何度もお世話になった本。

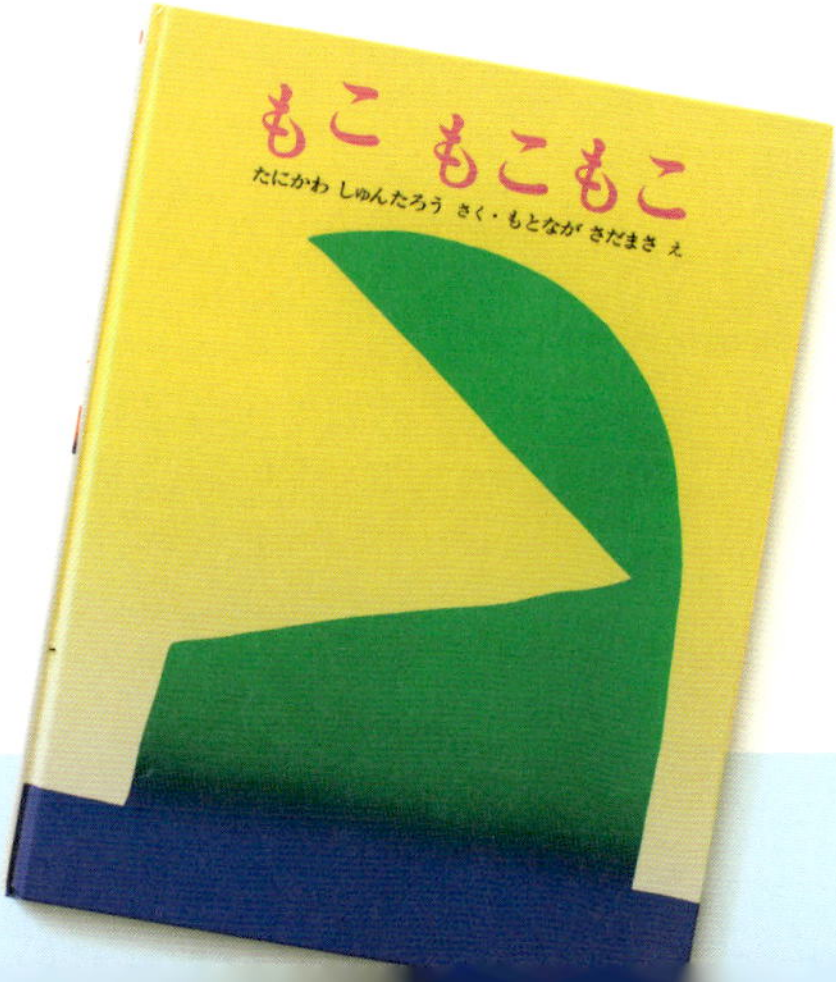

『うたえほん』
つちだよしはる／え
グランまま社

懐かしい童謡がたくさん。パッと開いたページを一緒に歌うあそびをたくさんしていました。

『いろいろいろのほん』
エルヴェ・テュレ／さく
たにかわしゅんたろう／やく
ポプラ社

色を混ぜたらどんな色になるか？ 躍動感のある見せ方で、大人もハマる面白さ！

『まるまるまるのほん』
エルヴェ・テュレ／さく
たにかわしゅんたろう／やく
ポプラ社

読む本というより、あそぶ本！ まるを押してゆすって動かして！ 寝る前に読むとワクワクする本です！

『ぼちぼちいこか』
マイク・セイラー／さく
ロバート・グロスマン／え
いまえよしとも／やく
偕成社

関西弁で親しみやすい本。ぼちぼちいこか〜は、親である私が癒される本です。

『きんぎょがにげた』
五味太郎／作
福音館書店

2歳の頃大好きだった本。きんぎょはここ！ と指差す仕草を、うちの子天才！ と思っていた懐かしい日々。

『からすのパンやさん』
かこさとし／著
偕成社

今でも大好きな本。いろんなパンが出てくるページはなぜか大笑い！

取り出しやすく しまいやすい

絵本の収納
リビングにあるファミリーライブラリーに置いてあります。引き出しやすいボックスに入れ、倒れるのを防ぎます

『どうぶつのあしがたずかん』
加藤由子／著
ヒサクニヒコ／絵
中川志郎／監修
岩崎書店

動物の足の裏の実寸が見られる！ ぞうや、らいおんの性質が分かり、動物園に行く前に読むのがおすすめ！

おおきなかがく
『ぼくはざりがに』
武田正倫／監修
飯村茂樹 片野隆司ほか／写真
ひさかたチャイルド

実寸大のダイナミックなざりがにが見られる、息子が大好きな本。

『みんなのかお』
さとうあきら／写真
とだきょうこ／文
福音館書店

動物だって人と同じでいろんな顔があることを教えてくれる本。カッコいいゴリラを探したり！

『まどから おくりもの』
五味太郎／著
偕成社

五味太郎さんの絵本は、私が読むのが楽しくて読んでいます。笑えるポイントがあり好きな本！

『はじめてのおつかい』
筒井頼子／さく
林明子／え
福音館書店

私が祖母によく読んでもらった本。今度は娘が大好きになりました。

わが家のおもちゃ選び

誕生日とクリスマスの年に2回だけ、子どもの好きなおもちゃを買うわが家。
それ以外はあまりお金をかけずに、
「見立てあそび」ができるアイテムを選んできました。
つみきが、ケーキになったり、スカーフが抱っこひもや、バッグになったり！
そのアイデアを出す力は大人になっても必要な力だと思うのです。

ペットボトル

ボーリングのピンになったり、楽器になったり、切ってペン立てにしたり！

ビー玉

ままごと食材になるときもあれば、ビー玉ころがしをしたり、意外に多用途！

こむぎねんど

100均で購入。多色でままごとの食材づくりや動物をつくったりと大活躍。

風呂敷

抱っこひものかわりや、バッグ、お姫さまごっこにも使える。収納スペースをとらないのも魅力！

レゴ

携帯電話や人形、恐竜、いろんなものをつくってきました。

つみき

出産祝いでいただいたつみき。ままごとでケーキに見立てたり、時には家具に早変わり！

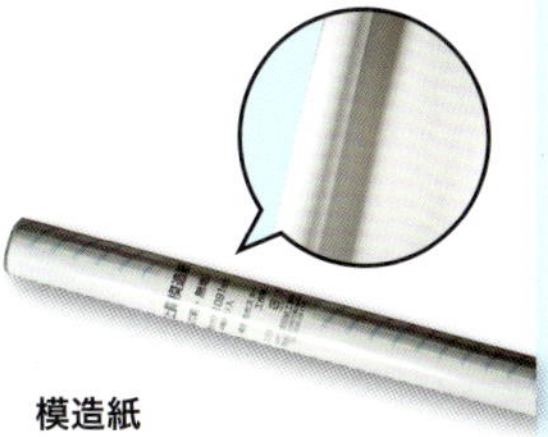

模造紙

大きな絵や、誕生日のお祝いを書くときに、1ロールあると色々使えます。

段ボール

自分たちの家をつくったり、またお人形のおうちや、パソコンをつくったり！

梱包材

荷物の中に使えそうなものがあれば置いておきます。工作の材料になることもしばしば！

こんなのも
もちろんあるよ！

column 3

あそびのルーツは、祖母

わたしの小さいころを思い出すと、かたわらにはいつも祖母がいます。自営業で仕事が忙しかった父母に代わり、ままごと、あやとり、絵本の読み聞かせ、などいろんなあそびを教えてくれた祖母。

いま振り返ると、「あるもので工夫してあそぶこと」を教えてくれたのは祖母でした。たとえば、仕事が終わる父と母を事務所のベンチで待ちながら、「えみちゃん、○○って書いてあるところさがしてみて、どこでしょう？」と、事務所の中にある文字を探すクイズ。「あった〜！　あそこ！」。紙飛行機も、ただ飛ばすだけではなく、ひとつひとつに番号を書いて、どれが一番飛んだかを、記録して検証するあそび。どれもこれも、「普通にあそぶ」だけではなく、「ちょっとしたひとひねりで、もっと楽しくなる！」ものばかりでした。

双子が生まれ、祖母がいつもしてくれていた同じことを子どもにしている私がいます。お金をかけずに、今あるもので工夫しながら楽しむ。せっかくやるなら楽しもう！（でもがんばりすぎず）をモットーに、これからの子育ても楽しんでゆきたいな、と思っています。

外あそび、大好き！

Chapter 4

週末あそびを もっと楽しく！

平日はなかなかゆっくり時間がとれないかわりに、
週末はめいっぱい遊ぼう！ と心がけています。
朝早くから公園、夜は友人家族と晩ご飯。大人も子どももバランスよく！
とはいえ、がんばりすぎず、無理はしないように。
この章では、できるだけお金をかけず、あるもので工夫し、
子どもと一緒に楽しめるアイデアを
たくさんご紹介します。

週末あそび！
きほんのこころがけ

平日は親も子どもも、仕事に保育園にとめいっぱいがんばり、その分、土日はリフレッシュ！ を心がけています。子どもたちの成長はあっというま。がんばりすぎず、でも楽しむ、週末あそびのこころがけをご紹介します。

1 親も楽しい！ と思うことをする

子どものために、子どもに合わせる。それも大事だけれど、子どもに合わせすぎず、親自身も楽しい！ と思えることを本気で楽しむようにしています。その姿は、子どもにも何かが伝わる気がしています。

2 荷物を身軽に、フットワークを軽く！

いざ出かけよう！ となっても、準備に時間がかかりすぎたり、荷物が多くて道中を楽しめない……よくありますよね？ それよりは、荷物をできるだけ身軽にして、フットワークを軽く、あそびを楽しめるようにこころがけています。

3 ハプニングを楽しむ！

いきなり大雨！ 予定していたことができなくなった。なんてことはつきもの。気持ちを切り替えて、どうやったら楽しくあそべるかな？ を考えるようにしています。

4 がんばりすぎない

めいっぱい楽しみたい！ けれど、週末あそびで疲れすぎて平日ダウン、では本末転倒。日曜の夕方は少し休憩して、翌週に備えるようにしています。

専用の道具を使わずあそぶ

いるかな？

「カニを釣りにいきたい！」保育園のお友達から聞いたようで、ある日突然言い出した息子。急遽《きゅうきょ》、家にあるものを使って……と、夫が考案したカニ釣り道具。割り箸と糸と、缶のプルタブを使って即席さおのできあがり！　こういったところ、尊敬します（笑）。買わずとも家にあるもので。

肝心のカニは、大漁！　そこから熱中し、いまでは年に数回は家族全員で行きます。いつもたくさん釣れるので、周りの知らない子どもや大人も集まってきて、秘訣を教えたり、えさのちくわを配ったり（笑）。お返しに、とおやつやジュースをもらうことも！

ちなみにたくさんとれたカニですが、帰るときにはちゃんと海に戻してあげるのがわが家のルール。セミとりも、虫とりも、そうしています。

あるもので工夫！

割り箸と糸とプルタブで即席さおのできあがり。これにちくわをつけるとたくさん釣れます！

たくさんとれた！

子どもの描いた絵をアレンジしてみよう！

手作り封筒をつくろう！

描いた絵がたくさんたまって、捨てるのは可哀想、けれど置いておくのも……というときに、封筒の型をとって、封筒づくり開始！ おじいちゃんおばあちゃんや、おともだちに送っても。

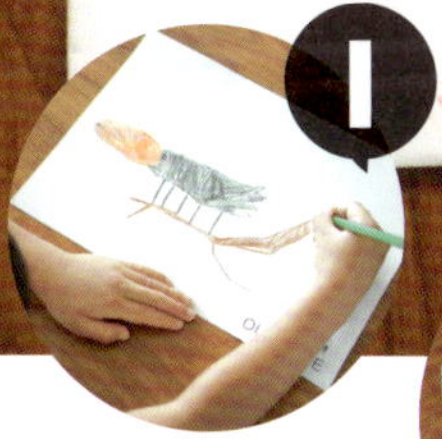

1 絵を描きます

2 封筒の形に切って折ります

3 のりづけしてできあがり！

マグカップをつくろう！

子どもが上手に描けた絵を、マグカップに印刷してみました。1個からでも注文できるサイトを見つけて、注文。子どもたちも自分が描いた絵が、形になってできあがってくるのを見てとてもうれしかった様子！ いまはペン立てとして使っています。

この原画をスキャンして注文しました

ビスタプリント
http://www.vistaprint.jp
オリジナルマグカップ
1個1,880円～

時々おめかしして出かける

私たちの結婚記念日や、祖父母のお祝い事、など、いつもとはちがうハレの日には、おめかししてホテルランチに出かけることが多いわが家。夜、ディナーに行くよりお得で、子どもたちもぐずりが少ないお昼を選びます。

わいわいがやがやのレストランは、子どもも私も好きだけれど、時には、よそゆきも大事。場所によって服装に気をつかうことも、静かにお食事をいただく楽しさも知ることができたらな！ と。

とはいえ、子どもたちがいつ騒ぎだすかわかりませんので（笑）、予約をとるときは、開店直後の一番早い時間か、もしくはお昼どきを過ぎた遅い時間に。できるだけピーク時を避けて、周りにご迷惑がかからないように心がけています。

よそゆき用の服をあえて買わず、
普段着+αで乗り切ります！

ホテルランチのとき

おともだちのうちにおよばれ

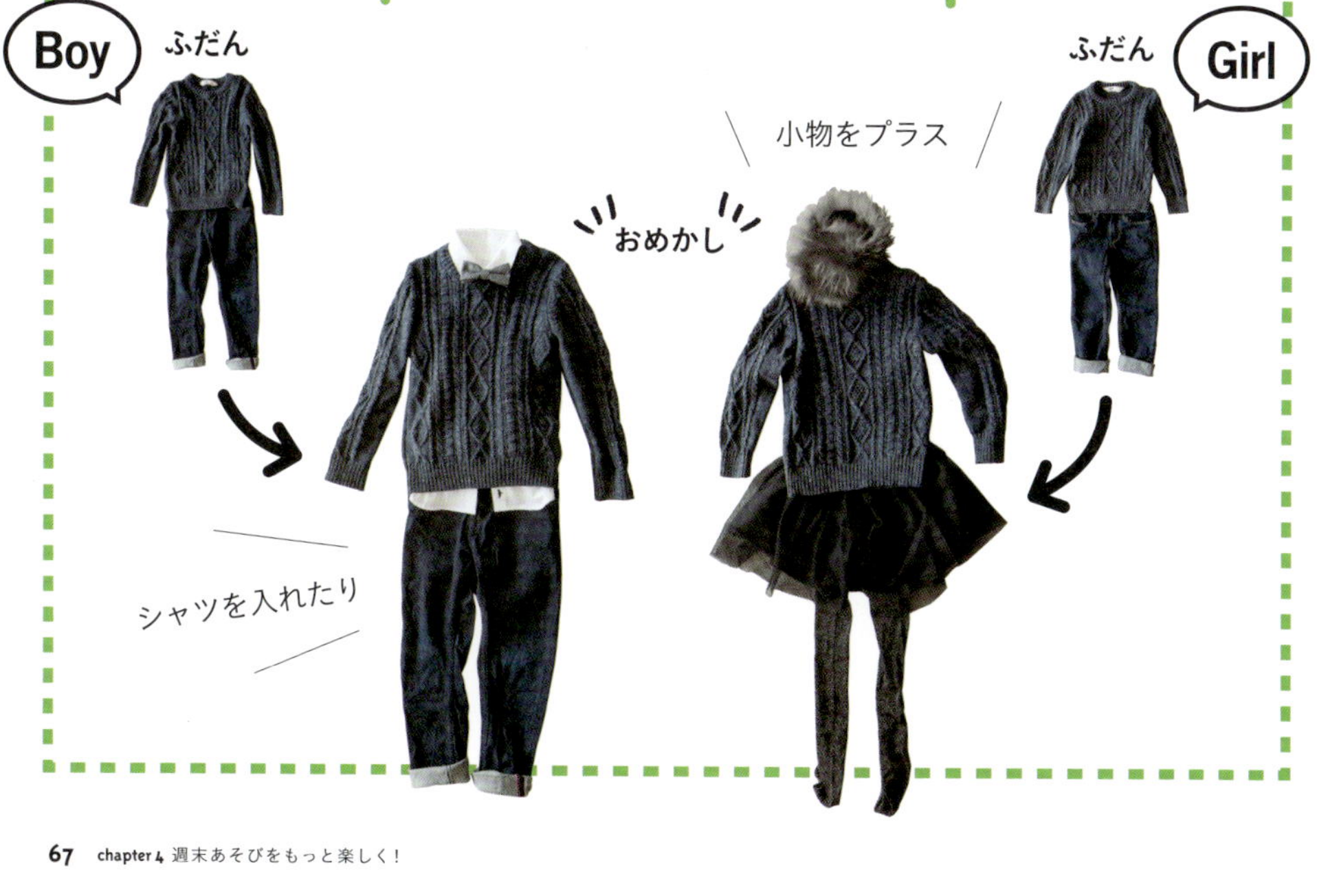

がんばりすぎない アウトドア

わが家は、3LDKの一般的なマンション暮らし。押し入れもなければ、トランクルームもないわが家には、アウトドアグッズを収納する場所がなく、道具はレンタルや、使い捨てコンロなど、簡易的なものを使用しての、「なんちゃってアウトドア派」です。

本格的な道具が揃っていなくとも、みんなで青空の下、野外でのごはんを楽しむ！ことが目的。子どもが小さい今は、大量の荷物に後かたづけが大変……となるよりも、気楽にがんばりすぎないアウトドアがちょうどよい、と感じています。荷物は身軽に、とにかく楽しもう！

持ちものはできるだけ少なく！

最低限必要なもの

- ☐ ビニール袋（食材用）
- ☐ キッチンばさみ
  （子どもも安全に使えるから食材を切る手伝いを）
- ☐ 簡易BBQコンロ
  （本格的に炭をおこしたりしなくてもOK）
- ☐ 着火ライター
- ☐ 紙皿、お箸
  （仕切りのあるものが味が混ざらず便利）
- ☐ テーブル
- ☐ 食材（お肉の量は100g／1人ぐらい）
- ☐ ゴミ袋
- ☐ 飲み物
- ☐ レジャーシート
- ☐ 水（野菜や手洗いに）
- ☐ 保冷バッグ
- ☐ ウェットティッシュ

+α
あるとうれしいもの

- ☐ 音楽（BOSEのスピーカーを使っています）
- ☐ ガーランド
  （遠くからでもわかるので、広場での目印に！）
- ☐ 台車
  （重い荷物運びがラクラク！1台あるととっても便利！）
- ☐ 油性ペン（紙皿やペットボトルに名前を書く用）
- ☐ マスキングテープ（ごみ袋をとめたり何かと活躍）
- ☐ 椅子
- ☐ パラソル
- ☐ かご（購入したレジのかごが軽くて容量が大きくとっても便利）

準備へん

場所

よいしょ
よいしょ

ゴミ箱はみんなにわかるように！

荷物を入れてきたかごにビニール袋をかけて即席ゴミ箱のできあがり！ 段ボールを使うなどしても◎

使い捨てBBQコンロを設置

お皿に名前を書いて

※BBQ禁止区域でないかご確認のうえ行って下さい。

準備へん

食べもの

きゅうりを
ビニール袋に入れて
ポン酢をモミモミ

きゅうりもしいたけも
キッチンばさみなら
チョキチョキ切れる！

おにぎりにサランラップを
巻いて顔を描いて
持っていきます

いろんな顔がたのしいね！

ペットボトル1本の
お水を持っていくと、
手や野菜を洗うのに
便利！

さあ 食べよう!

プラスチックのワイングラス
(200㎖ 4個入り/370円税込・編集部調べ/LOHACO)

グラスは重ねて収納できる

冷やしまーす

お肉ジュージュー

仕切りがある紙皿が便利!
(未晒し麦モールド仕切付プレート23.5㎝/一袋50枚入/1,047円税込・編集部調べ/LOHACO)

外で食べるとおいしいね!

かわいい
お花が
たくさん!

四つ葉のクローバー
あるかなぁ?

お花を摘んで

ポップコーンも!

旅の荷物はどうする？

子どもが小さいうちは、旅の荷物もできるだけ少なくしたいですよね。わが家は、旅行先でも、また帰宅後もラクできるように、こんな工夫をしています。車の旅編、新幹線の旅編、の2つをご紹介しますね。

実家やコテージ旅など、マイカーで行く際の準備はこんなふうにしています。

パターン1
1泊2日 車の旅

洗濯ネットに各自の服を入れる

折りたためるイケアのDIMPAに入れて車に積みます。宿泊先ではこの入れ物を空にし、洗濯かごに早変わり！ おふろのあとは子どももここへポイッとほうりこみ！ 帰宅後はそのまま自宅で洗濯します。

持ち運べるよ！

DIMPA（イケア・ジャパン／299円）

新幹線や飛行機などの旅は、
できるだけ荷物を少なくしたいので、
こんな工夫をしています。

パターン2
2泊3日
新幹線の旅

着まわしのできる服を厳選し、人別に袋へ

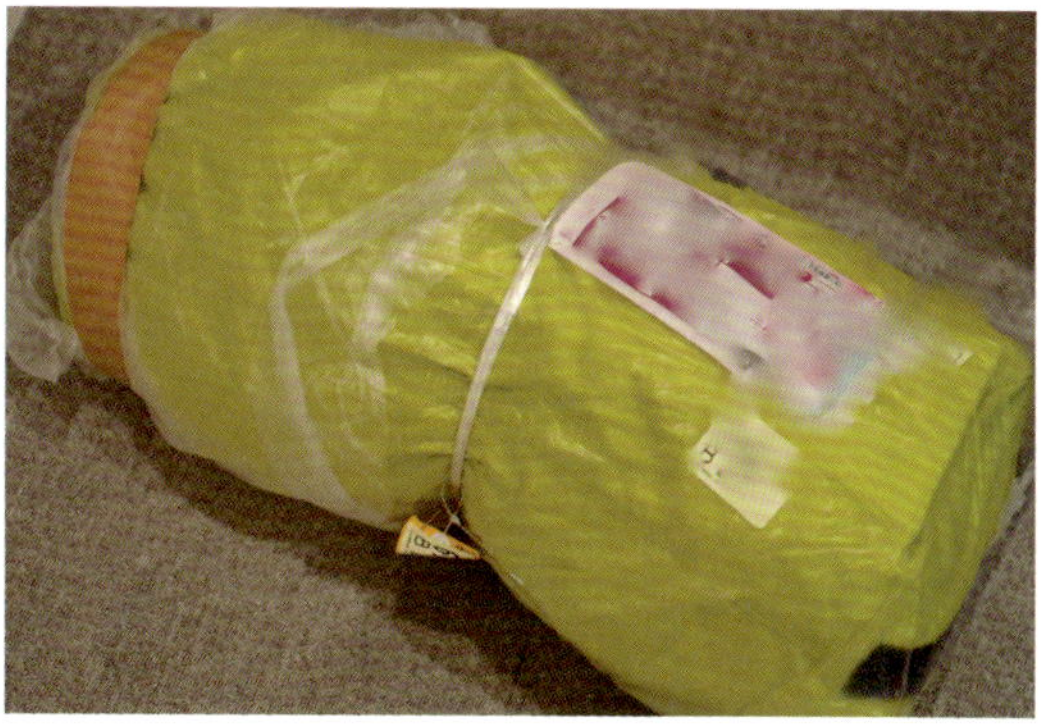

宅配で宿泊先に送っています！ 帰宅前に同じようにパッキングして自宅へ送ります。

番外編

海外旅行の際の大きなスーツケースは、割り切ってレンタルにしています。収納スペースもとりません。

お店やさんごっこをしよう!

家族みんなで集まるとき、親もゆっくりご飯を食べたいし、おしゃべりもしたい! そんなときは、子どもたちにはお店やさんになりきってもらいます。専用の看板を用意したり、子どもが自分たちでできるように低いテーブルを用意したり。

大勢でお店にいくのは、気持ちも時間もゆっくりできませんが、自宅なら可能!

たこやきやさんに夏祭り、と年間通していろいろあそべます。子どもも、ワクワク、見ているおとなもワクワクが広がります。

低いテーブルを用意して、お店やさんごっこがやりやすいように

たこやきやさん

画用紙に「たこやき」と私が書いて、子どもたちが看板に見立てて、貼り付けていきます。お友達がきたらみんなでワイワイ焼いて。鉄板は熱いのでさわらない、竹串はふりまわさない、とふたつの約束をしてスタート、5人で上手につくれていましたよ！

画用紙をテープで貼って…

こげても自分たちでつくったからおいしいね！

＼かんばん完成！／

おうちで、夏祭り

おうちで夏祭り！ ベランダでビニールプールのスーパーボールすくい、かき氷やさんと、みんな浴衣で集まり、夏祭りをしました。

＼いっぱい取れた！／

友人宅のベランダでビニールプールを使ってスーパーボールすくい

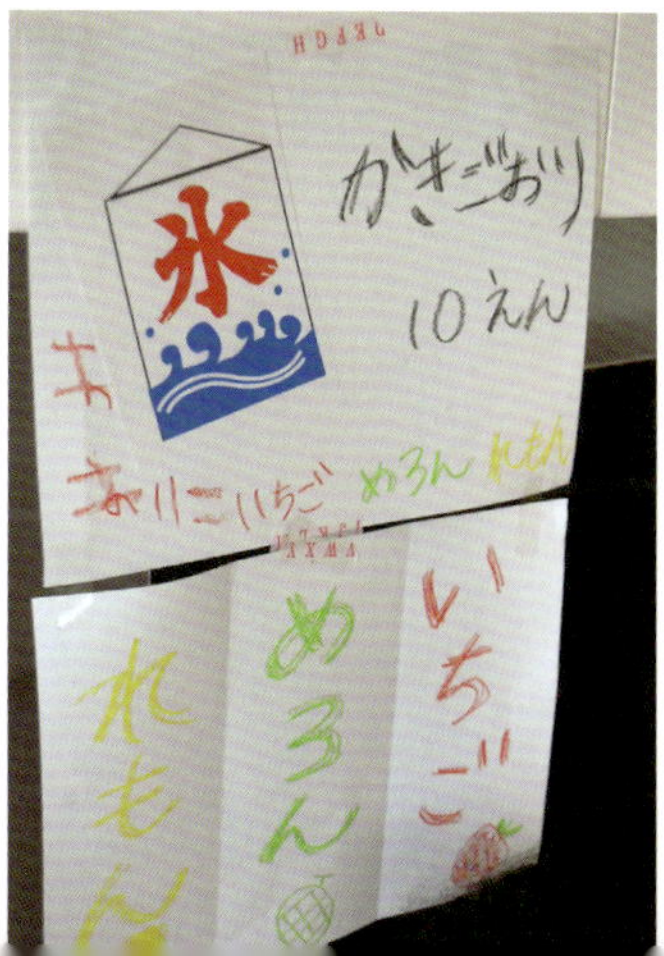

看板も子どもと手づくり

なんでも名前をつけてワクワクする！

わが家は家にあるものになんでも名前をつけています。いつのころからか、車は「たまちゃん」、リビングにある大きな観葉植物は「うーちゃん」、「わかめちゃん」。

名前をつけると子どもも私たちも愛着がわくし、大事にしようという気持ちがいつのまにか芽生えます。そういえば、家の収納場所も「情報ステーション」に「身支度ロッカー」と家族がわかりやすい名前をつけています。

家にあるものだけではなく、私の父と母が趣味でやっている畑にも名前をつけよう！と、父に話をしてみたら、「自然に逆らわず、自然に感謝して無農薬の野菜を育てたい」という想いがあるとわかり、母の好きな数字とも合わせて「39（サンキュー）Ｆａｒｍ．」と名付けました。

ただの畑ではなく、「39Ｆａｒｍ．」。お店でもなんでもないけれど、名前がつくだけでワクワク。せっかくやるなら、もっと楽しみたい！　だけど手軽に。という、欲張りなわが家です。

スタンプも作りました

畑で採れた果物のジャムにもブランド名を

箱に押すだけでいい感じ

ウンベラータの「うーちゃん」です！

娘が考えたブランド名は

marry.m《マリーエム》

制作好きの娘。私のブランドOURHOME
のマネをして名前を考えました

家の中のスペースにも名前をつけています！

「洗面所の脇の収納の上から3段目にあるよ」と言うより、「身支度ロッカーにあるよ」と言えば、全員が共有できて伝わりやすくて便利！

「ファミリーライブラリー」

子どもの絵本やDVDだけでなく大人の本や雑誌、iPadなどもここに収納しています。家族のアルバムもここに置いて、いつでもすぐに見られるようにしています

「身支度ロッカー」

洗面所の一角に子どもの身支度に関するコーナーを。下着や保育園の用意などすべてここでそろいます。

「情報ステーション」

暮らしに必要なものはすべてここで一括収納＋管理しています

Topic 3

友達FAMILYと週末コテージ旅へ出かけよう！

春と秋、年に2、3回、友人家族とコテージ旅行へ出かけます。2家族で行く時もあれば、もっとたくさんの家族で行く時も。子どもたちがコテージデビューしたのは、1歳になる少し前。テントキャンプと違い、お風呂もトイレもきちんと設置されていて、手軽な点が子連れには嬉しいところ。

　青空の下でBBQをして、子どもたちと芝生であそんで。めいっぱいあそんでも、今日は泊まれる！　子どもたちが寝静まった後は大人だけで仕事の話、子どもの話、これからのこと、夜が更けるまで話して、パワー充電！　手軽にコテージ旅、おすすめです。

11:00

集合！

コテージ近くの公園に現地集合で。お昼ごはん用に地元のピザ屋さんでピザをテイクアウト！

＼財布は共有／

12:00

みんなで食材の買い物へ

財布は共有が便利。袋にみんなで同じ額を出し合って。ここから食材費など必要なお金を出します

サッカーしたい！

虫除け

14:00

チェックイン！

BBQの開始まではサッカーやビール片手におしゃべり。時には大人の木登りも！

凧揚げです

早く食べたいなあ

16:00

BBQスタート

簡易コンロを持参することも

誕生日祝いも！

友人が転職したとき、「転職おめでとう会」を開きました。子どもと模造紙にかいたメッセージを木に掲げて。

春と秋は、大整理大会をしよう！

前著『おかたづけ育、はじめました。』でも書かせていただきましたが、わが家は、年に2回、春と秋に、「大整理大会」を行います。

大整理大会とは、家にあるもののなかから、要／不要を整理して、不要となったものをリサイクルセンターや、ゴミ処理施設に持ち込むこと！

子どもがいない間にこっそり……ではなく、あえて、週末に子どもと一緒にやることにしています。とはいえ、子どもがまだ小さいうちは、集中力も続かないため、30分限定！にしていました。

6歳になった今は、朝の2時間で終え、事前に予約しておいた地元のクリーンセンターへ。予約をしておくと、「いつか行こう、いつか……」ではなく、その日をめがけて家族一丸となってがんばることができます。私ひとりでするのは大変なので、恒例イベントとして、あそびの一環としてとらえています。

〈お住まいの地域　ゴミ　持ち込み〉で一度検索してみてくださいね。

大整理大会
その1

まずはおもちゃの整理をしよう

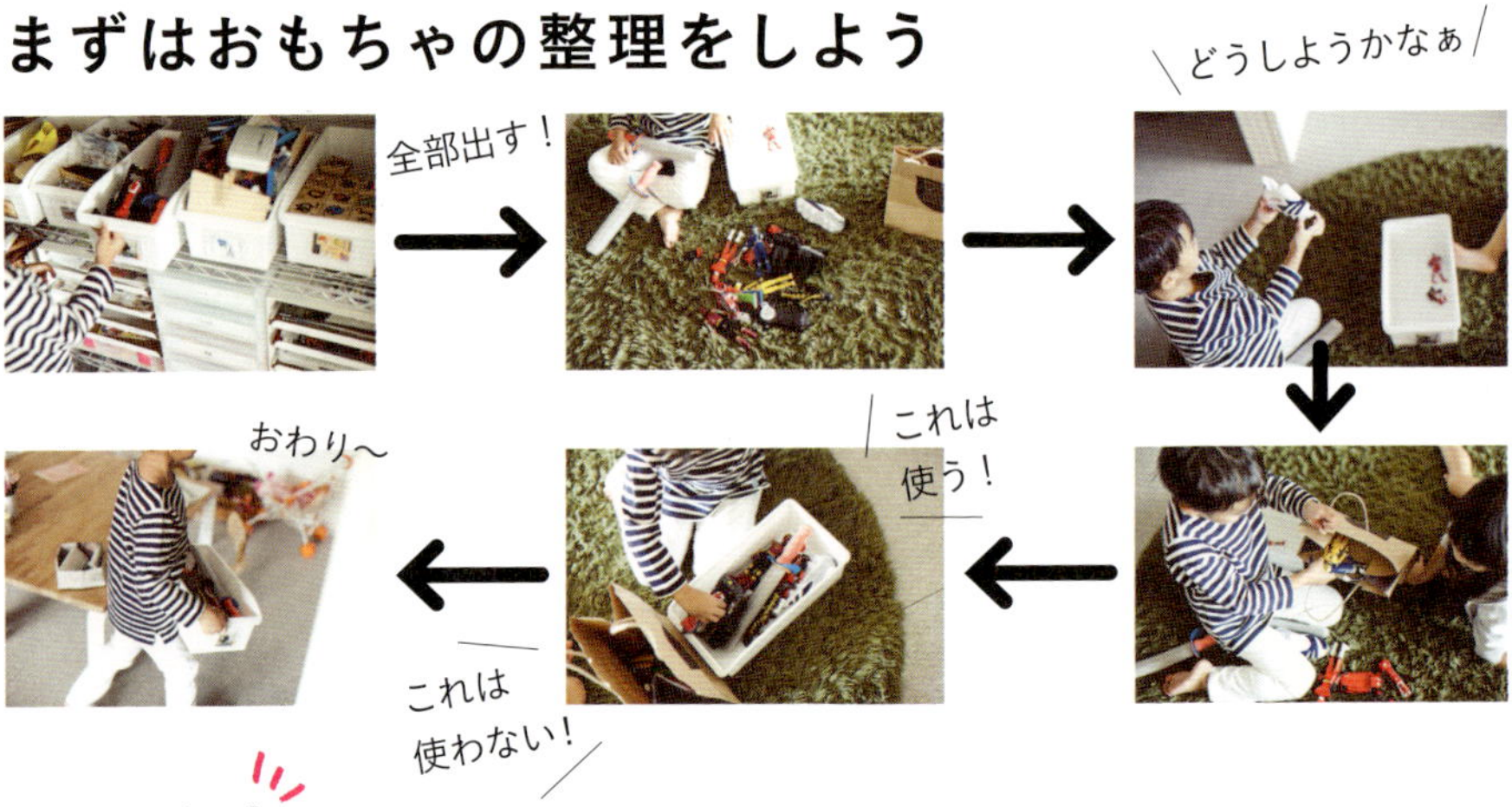
全部出す！
どうしようかなぁ
これは使う！
これは使わない！
おわり〜

Point!

タイマーをかけてやってみよう

子どもが小さいうちは30分限定！と時間を決めて。タイマーをかけると盛り上がります！

大整理大会
その2

クリーンセンターにLets Go!

大整理大会を終え、不要なものを見極めたらまずはリサイクルショップへ。それでも売れ残ったものをクリーンセンターに持ち込みます！

1

車に不要品を積み込みます

2

クリーンセンター到着

3

自分たちでここへ
ゴミを処分します

4

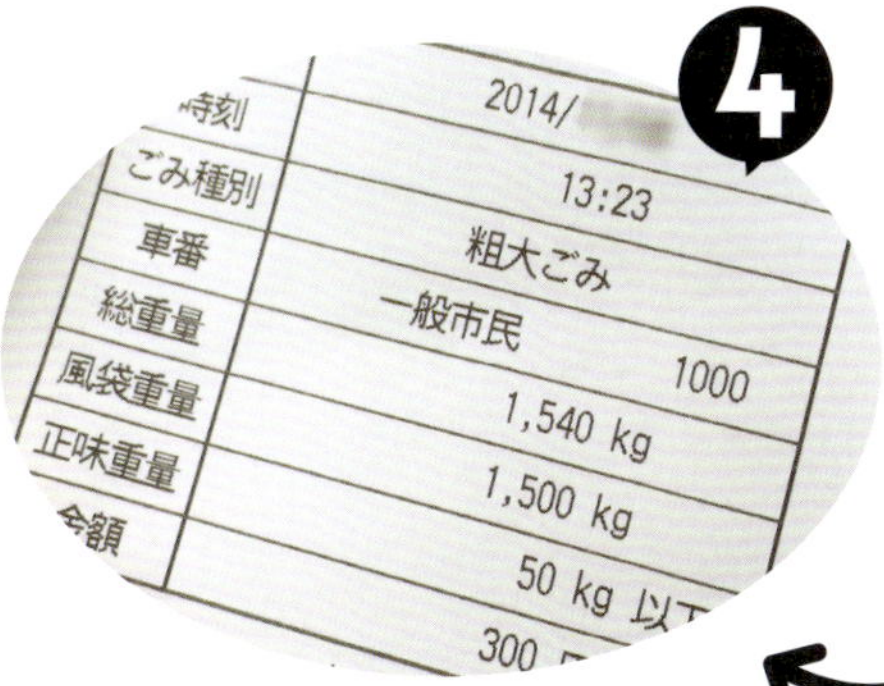

受付表。○○キロ
○○円と表示されます

＼ 他にも ／

フリーマーケットをやってみる

やってみるととてもたのしいフリーマーケット。実際に売ったり買ったりできるのは子どもにとってもよい経験になります。まずはおともだち家族と一緒にやってみては？

季節のイベントは無理せず取り入れる

お正月、節分、ひなまつり、七夕……結婚して夫婦ふたりだけのころにはそこまで興味のなかった季節の行事にも、子どもが生まれてから目を向けるようになりました。子どものためにもしっかりやってあげたいという気持ちはあるものの、100%！とはいかないのが現状。

　でも、派手ではなくとも、完璧ではなくとも、できるだけ季節を感じられるよう、無理のない範囲でやっています。

お正月

買ってきたしめ縄に飾り付け。家にあったビーズと針金でつくりました。イチからつくるのは大変だけれど、少しだけオリジナルの工夫をして

節分

スーパーでもらったお面でお父さん鬼登場！

ひなまつり

いつも雑貨を飾るワークテーブルにひな人形を。いつも子どもと一緒に出します

クリスマス

クリスマスツリーの飾り付けは毎年子ども担当。3歳ごろは手の届く下半分だけでしたが、最近は上の方までできるように！　毎年成長を感じます

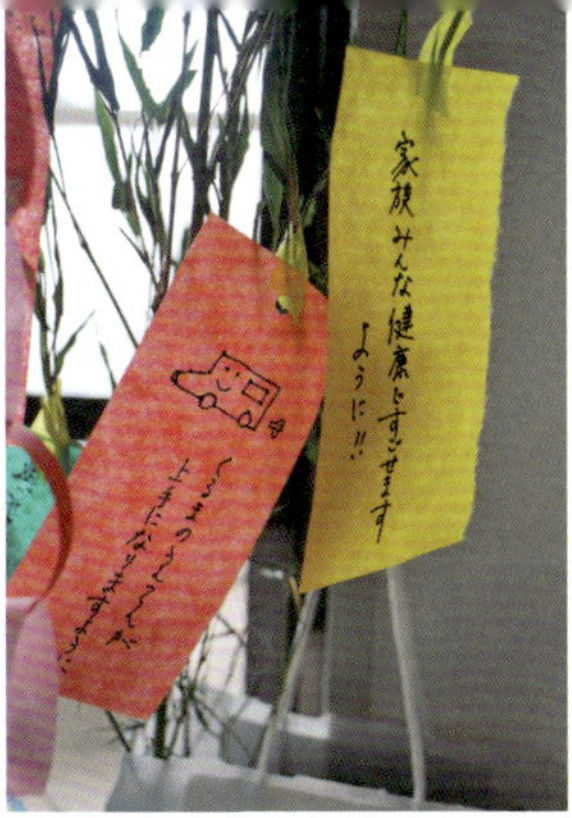

七夕

七夕は親もねがいごとを。笹を買いに行けないときは、観葉植物に短冊を吊るしています

手づくりのクリスマスケーキは見た目は悪いけど、子どものやる気がつまっています！

Point!

季節のグッズはどこにしまっているの？

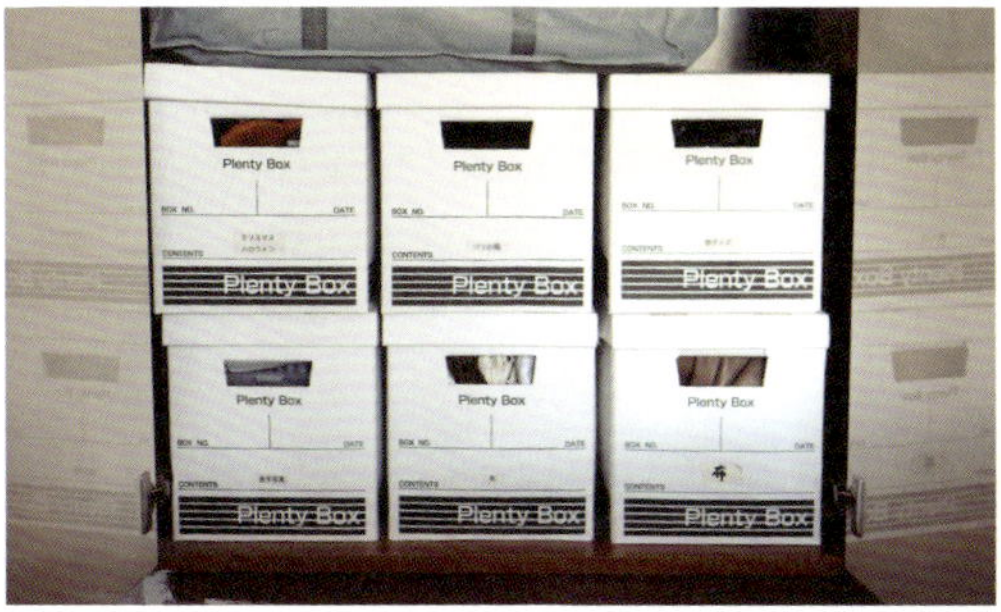

季節の飾り付けは寝室のクローゼットに。押入れがないわが家はここに収納しています

Topic 4

あそびのルーティン化 年間スケジュールをたてよう！

1月　某日新年会
3月のコテージ旅予約

2月

3月　コテージ旅

4月　お花見 2週目
大整理大会

5月　イチゴ狩り
7月の夏休み旅予約

BBQシーズン

わが家は、一年間を通して、あそびのスケジュールをざっくり「ルーティン化」しています。当日になってから、今から何しよう？　誰とあそぼう？　と考えているうちに週末が終わってゆくのは寂しいですよね……。年間を通してざっくりとスケジュールを考えておくことで、事前に予約ができたり、あそびや予定をその都度考えなくてもいいので、ラクでもあり、より楽しむことができます。

6月	7月	8月	9月	10月	11月	12月
	夏休みの旅		コテージ旅	野外イベント	大整理大会	クリスマス&忘年会

9月のコテージ旅予約

おいしそう！

BBQシーズン

また、大勢で、いざあそぼう集まろう！ となると、まずスケジュール調整が大変です。それで流れてしまうくらいなら、最初にざっくり日を決めておく。わが家は、毎年1月2日は○○チームの新年会、4月の第2週は△△集まりのお花見、12月30日は□□の忘年会、など、集まりごとに毎年同じ日程なので、みんな予定をあけ、集まれるようになっています。

ちなみに両実家へは1ヵ月半に一回程度帰省して、夕飯↓お泊まりがいつものコースです。

時には、おもいっきりダラダラする！

週末はどこかへ出かけることが多いですが、時々なーんにも予定をいれないで、一日中ダラダラする日ももちろんあります。

スナック菓子食べて〜、昼間っからビール飲んで〜（これは毎週か……笑）、子どもたちはジュースもおかわり多め、ソファで寝ころんでテレビみて、とにかくダラダラする日もあります。体が疲れているときは無理せず、のんびり。私はつい、予定を入れすぎてしまうところがあるので、メリハリを心がけて、平日頑張れるようにしたいものですね。

子どもも！

まったり〜
だらだら〜

おとなも！

かんたん！お誕生日の飾り付け

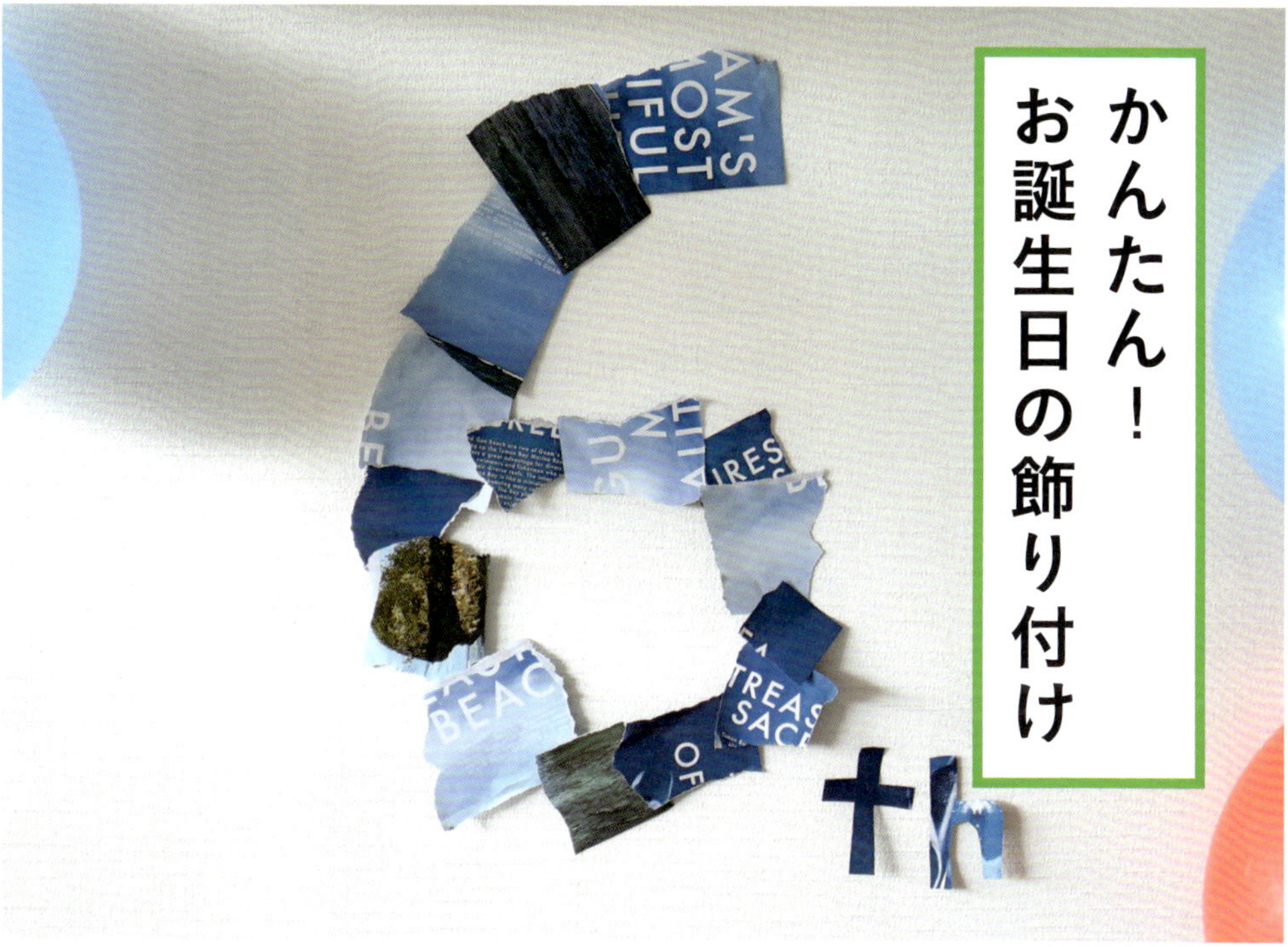

子どもたちのお誕生日、飾り付けは毎年素敵にがんばろう！　とは思うものの、いろいろ購入したり準備をするのはなかなか大変……。

6歳の誕生日前日。それまで仕事も忙しく、実を言うとノープランだった私たち。どうしよう～と困っていたら、夫がいらなくなった雑誌のきれいなページをびりびり破いて、壁にぺたぺた。数字の「6」ができあがりました。安上がりでインパクトもあって、写真映えもする！　とっても良いアイデアです。

母の還暦祝いには、少し綺麗な画用紙で同じように「60」を。今度は子どもたちがつくってくれました。

イベントは大事だけれど、張り切りすぎず、でも楽しみながら。

ぺたぺた

母の還暦祝い

私の誕生日に夫と子どものサプライズ飾り付け！

リビングのファミリーライブラリー
いつでもすぐに見られるように、子どもたちの手の届くリビングにアルバムを置いています。

Topic 5

わが家の子どもの写真整理

7年前、双子が生まれるとわかったとき、がんばらずに長続きできる写真整理をしよう、と思いついたのが、「家族で1年に1冊だけ」の、「とっておきアルバム」。

可愛くてどれもこれも印刷したくなるけれど、ダイジェストにぎゅっとまとまり、見返したときに楽しめるアルバムにしよう！　と考えました。

自分たちの子どものために考えた整理法が、ブログでたくさんの方にご覧いただき、おかげさまで、著書『子どもの写真整理術』（ワニブックス）も出版させていただくことになりました。

とにかく、無理せず長く続けられるように。一見シンプルすぎるくらいがちょうどよいと思っています。リビングに置いたアルバムを、自分たちで引っ張りだして小さいころの思い出を見返している子どもたちを見ると、つくっておいてよかったな～と思う瞬間がたくさんあります。

また、去年のこの時期はどこにあそびに行ったかな？　と振り返るのにもアルバムが大活躍。あそびの予定を考える際、役に立っています。

平日の何気ない姿、週末の楽しかった思い出も、こんなふうに、いつでも家族で見返すことのできる形にしてみませんか？

子どもにカメラを持たせてみたら、思わぬいい写真がとれますよ！

＼シンプルだから長続き！／

写真整理「きほんのルール」

1

家族で1年に1冊

兄弟別に分けると、ハードルが上がるのでまずは家族で1年に1冊を目標に。

2

1ヵ月見開き

1ヵ月を見開きになるように写真を厳選。イベントや旅行時などは2見開きにするなど臨機応変に。

3

左上に育児日記カード

育児日記は毎日書くのは大変なので1ヶ月に1枚L判サイズのカードにかんたんにまとめて。

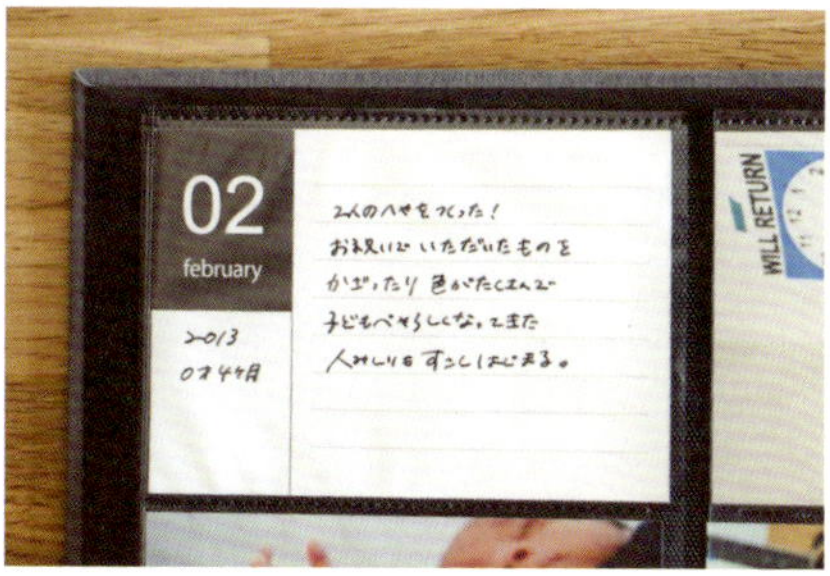

＼こんなのも入れてます！／

もみじの葉っぱ

紅葉がきれいでこどもと拾ったもみじの葉っぱ。押し花などもかわいいですね

Jリーグの観戦チケット

家族みんなで応援に行ったJリーグのチケットも一緒に入れて

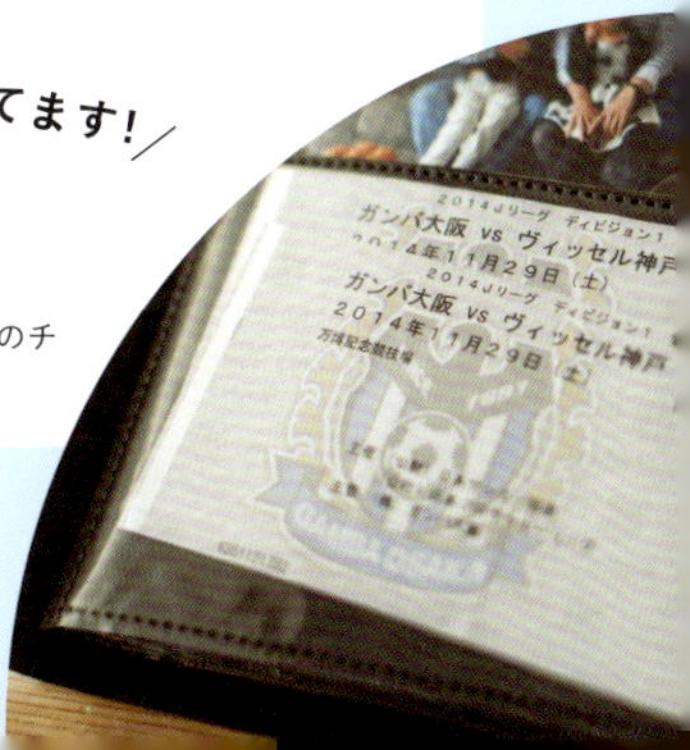

「Year Photo Alubum」 ナカバヤシ株式会社／L判6面240ポケット
「育児日記カード」 ナカバヤシ株式会社／OUR-INC-1

column 4

目的を持って旅に出る

双子がおなかにいた7年前、これから当分は行けなくなるね、と、夫婦ふたり最後の旅へ行くことになりました。

旅の目的は「リラックスした空間の中で、双子たちの名前を考える」。せっかく行くなら、テーマを持って。

何度か訪れた大好きな宿。オーナーさんに、双子を授かったことを伝えると、「かわい〜！」と、まだ生まれていない双子が見えているかのようなお言葉。双子を妊娠、と言うと、「これから大変ね」「いつから入院になるの？」などと心配されることが多かった中、とっても嬉しいポジティブな一言でした。

旅の間、ふたりで一生懸命名前を考え、とびきりの、心をこめた名前をつけることができました。

旅に目的をもって出かけるというのは、このときなんとなくはじめたことだけれど、そこから恒例になりつつあります。「一年の抱負を考える。」「子どもたちと今年したいことを考える。」などなど。

忙しい日々のなかで、普段なかなかじっくり考えたり、話しあったりできず、またあとで〜となってしまうことを、旅を機会に見つめ直すようにしているわが家です。

Chapter 5
子どもと一緒にDIY！

本格的なDIYではないけれど、小さいころから、モノをつくる楽しさや、
自分で工夫する喜びを伝えられたらな〜とはじめてきたDIY。
そんなわが家が心がけていることや、あると嬉しいアイテム、
小さい子どもでも簡単にできるアイデアをご紹介します。

子どもと一緒にDIY!

何か新しい家具がほしい、と思ったとき、すぐに「買う!」という発想ではなく、
あるもので工夫したり、自分たちなりの使いやすさを求めて
オリジナルでつくることができると、とっても良いですよね。
とはいえ、本格的すぎるものは難しいし、時間もかかります。
それでは子どもとも一緒に取り組めません。子どもがいるなかで、
無理せずできるDIY。そんなわが家の、きほんのかんがえをご紹介します。

きほんのかんがえ

1 カンペキ! を求めない。

細かい寸法違い、色のムラ……。子どもと一緒にやると、どうしても、きっちりきれいに既製品のように、とはいきません(笑)。わが家では完璧を求めるのではなく、子どもと一緒にできる時間を楽しむようにしています。

2 なんちゃってDIYでもOK!

木をノコギリで自分たちでカットして、イチから全てをやろう! と張り切ると、なかなか大変……。わが家では木のカットはいつもホームセンターにおまかせします。カットされた状態で、自宅に持って帰り、そこから子どもと一緒に組み立てたり色を塗ったり。

3 できるだけ、子どもも使える道具を選ぶ。

複雑すぎるものは選ばず、子どもが使いやすいものや、一緒に触っても安心なものを、できるだけ選ぶようにしています。

4 失敗したら、またやり直せばいい!

一緒に考えて、一度やってみたけど失敗して、どんなふうにしたらうまくいくのかを考えて……。実際は買うほうが簡単だけれど、そのつくる過程のなかで、子どもたちに工夫する楽しさを知ってほしい、と思っています。失敗したって、また作り直せばいいし、そのときダメなら、また今度でもいい、ぐらいの気軽さで。

DIYはじめるときはどんなとき？

ある日、
こんなことが。

子ども
トイレの
踏み台がほし〜!

パパ
じゃ、つくろっか!

子どもが何かをほしがったら、
少しでもオリジナルになるよう工夫しよう！

1
当時3歳。
イチからつくるのは
少し大変なので、
ホームセンターで
踏み台を買って

2
自分で
オイルステインを
ぬってみよう！

3
完成！
自分で少しでも
工夫すると愛着がわくね！

\ 子どもと一緒にDIY！ /

あると便利！ きほんのグッズ

専用の道具をたくさんそろえる必要はありませんが、これがあるととっても便利！
というものをいくつかご紹介しますね。
できるだけ子どもが扱いやすいものを中心に選んでいます。

＊価格はすべて編集部調べです（2016年1月現在）

紙やすり

下処理に。子どもも扱いやすく安全。目の粗いものから順番に。
サンドペーパー 紙やすり93×228mm 6枚入り／187円／ アサヒペン

ボンド

木工用ボンドは用途も広く子どもも扱いやすく便利。
ボンド 木工用／50g／146円／コニシ

オイルステイン

木目を引き立てる水性オイルステイン。臭いも少なく安心して使用可能。
水性オイルステイン300ml／ウォールナット／1,030円／和信ペイント

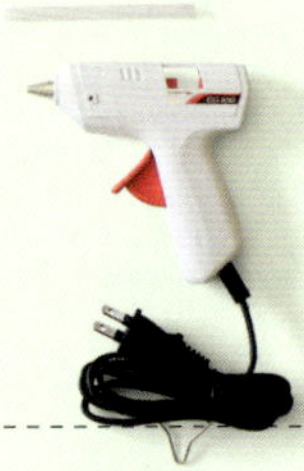

グルーガン

簡単接着に便利。
グルーガン AC100V GG-100 ／1,000円／EARTH MAN

みつろうワックス

自然素材だから安全安心！
ワックスポリッシュ 蜜蝋ワックス／236ml／1,444円／オールドヴィレッジ

マスカー

ペンキ塗りの際の養生に。必須です！

布コロナマスカーシート／幅1100mm×長さ25m／372円／ハンディ・クラウン

ハケ

イマジンウォールペイントオリジナル刷毛（ハケ）／Mサイズ／277円

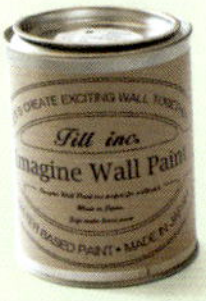

水性ペンキ

壁紙の上から塗るペンキです。いやな臭いがしないので安心。
イマジン ウォール ペイント 0.5L／2200円／ターナー

電動ドリル

電動ドリルなんてそんな本格的な……と思われるかもしれませんが、これが1台あるととっても便利です！ 使い方もかんたんで、おうちDIYがぐっと身近になりますよ！

オススメ！

DIYしよう！と思ったら、
すぐにとりかかれる収納に！
取り出しやすく、
しまいやすい！
ペンキグッズは
まとめて収納
電動ドリルは
ココ！
Plenty Box
工具入れも
引き出しに。
単独の工具入れは
使うときは
引き出しごと移動！
ラベリングで
わかりやすく

情報ステーション

ラックとカーテンでつくった通称「情報ステーション」。
暮らしに必要なモノすべて一カ所集中収納にしています

子どものつくえ

5歳になったころ、子ども部屋に机を導入しました。
大きくなったときにも使えるように、
天板が大きめサイズのものを、子どもたちそれぞれにつくることに。
小学校3年生ごろになれば、高さ70cmの脚にかえようと思っています！

用意するもの

ナラ材の板 110×50cm

脚 高さ30cmのもの

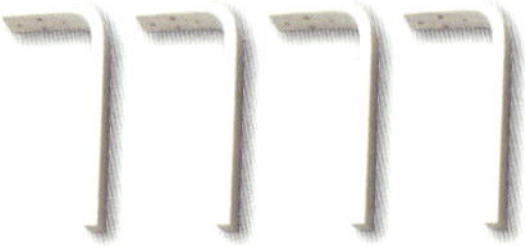

みつろうワックス

紙やすり

子どもができること

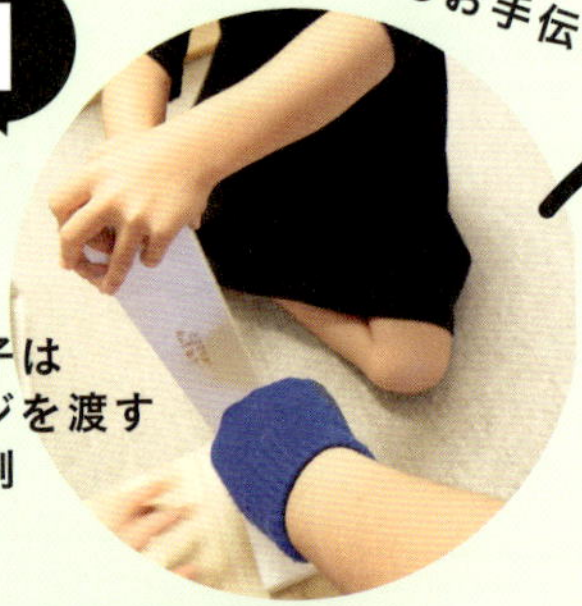

1 娘はおさえるお手伝い

息子はネジを渡す役割

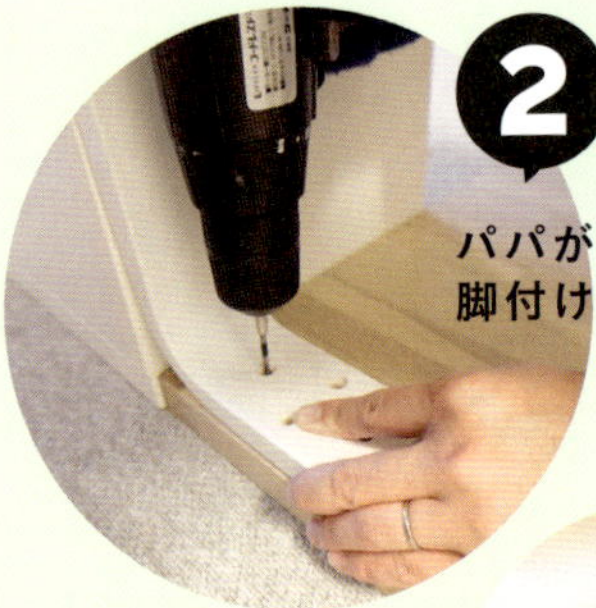

2 パパがドリルで脚付け！

裏から見るとこんなふう

3 ＼完成！／

汚れたらメンテナンスも子どもと一緒に！

天然木のいいところは汚れキズがついても磨き直せば
またきれいに使えるところ。
わが家はこんなふうにメンテナンスしています。

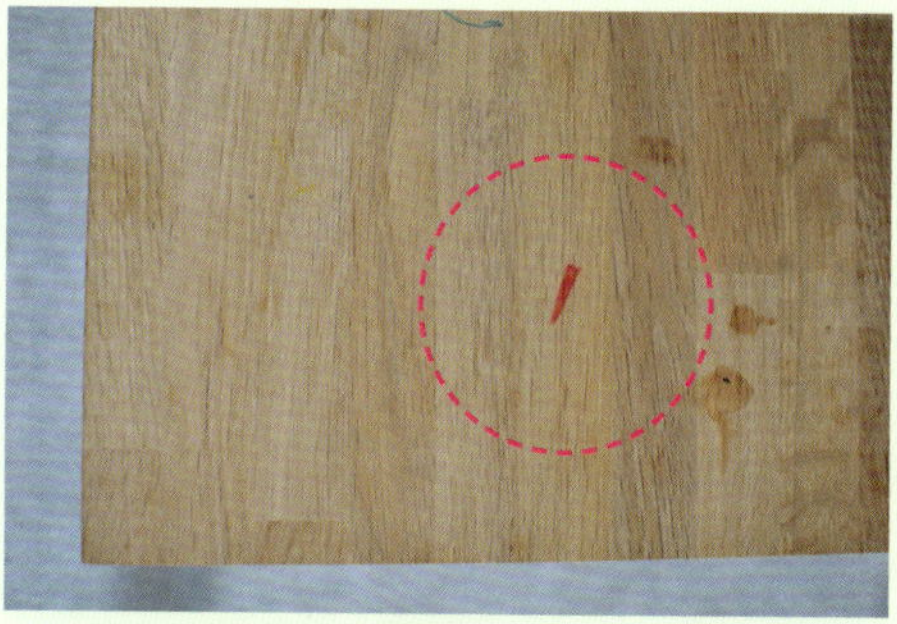

1

ペンや汚れが目立ったら、
半年に一度のメンテナンス

↓

2

紙やすりで
ごしごし
汚れを
けずり

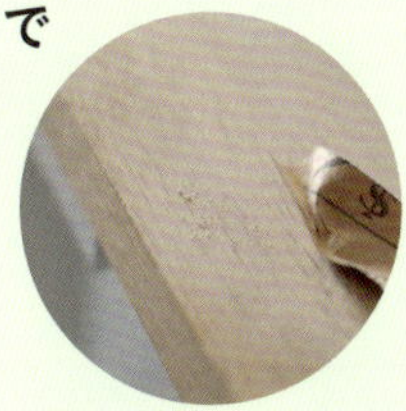

↓

3

みつろうワックスを
ぬりこみます。
天然のものなので安心！

自分でみがくと
愛着がわくね！

一台二役!
看板&ミニテーブル

家具屋さんで木《こ》っ端《ば》(木の切れ端)が、とっても安く売られていたので、
娘考案でボンドでくっつけるだけで完成する看板をつくることに。
強度には不安もあるのですが…娘は大満足のようです! ホームセンターの隅にいくと、
木っ端が安く売られていることがあるので要チェックです!

用意するもの

家具屋さんの店頭でも10円均一で売られていたりします!

木っ端 いろいろ

木工用ボンド

1

ボンドをつけて

2

しんちょうに

ギュギュっと
くっつける

3

\完成!/

4

コーヒーを置いてミニテーブルとしても

植木を置いている台も木っ端を組み合わせてつくりました

チョークで絵が描ける植木鉢

ちょうど黒いペンキが余っていたので、家にあった
プラスチックの植木鉢に子どもたちと一緒にペンキをぬり、
そこにチョークで絵を描きました。
オリジナルの植木鉢の完成です！

用意するもの

プラスチックの鉢

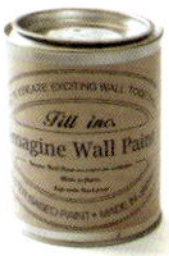
水性ペンキ（黒）

はけ

チョーク

1 ベランダに新聞紙を広げ、ペンキをぬりぬり

2 多少のハミ出しやムラは気にしない！

3 チョークで自由に絵を描いて完成！

Memo

チョークで絵を描くだけだから失敗しても拭いてやり直せます！

壁にペンキを塗ろう！

5年前、中古マンションを購入したわが家。
ベージュ色の壁紙が苦手で、家族でリビングと子どもスペースに、
真っ白のペンキを塗りました。そこから、少しずつ時間をかけて、
家じゅうの壁にペンキを塗ることに！
一番最初にはじめた、子どもたちが2歳のころは、おあそび程度……でしたが、
6歳となった今では立派な戦力に！ ハケ塗りもお手のものです。

用意するもの

マスカー

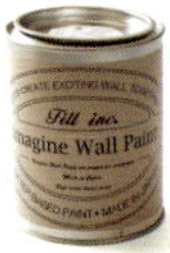
水性ペンキ

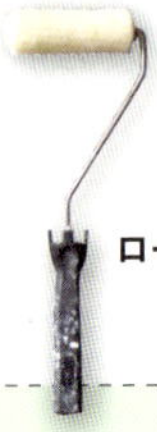
ローラー

ハケ

1

まずはペンキを塗ると決めた部屋のモノを移動させてきれいにおそうじ！

ピカピカに！

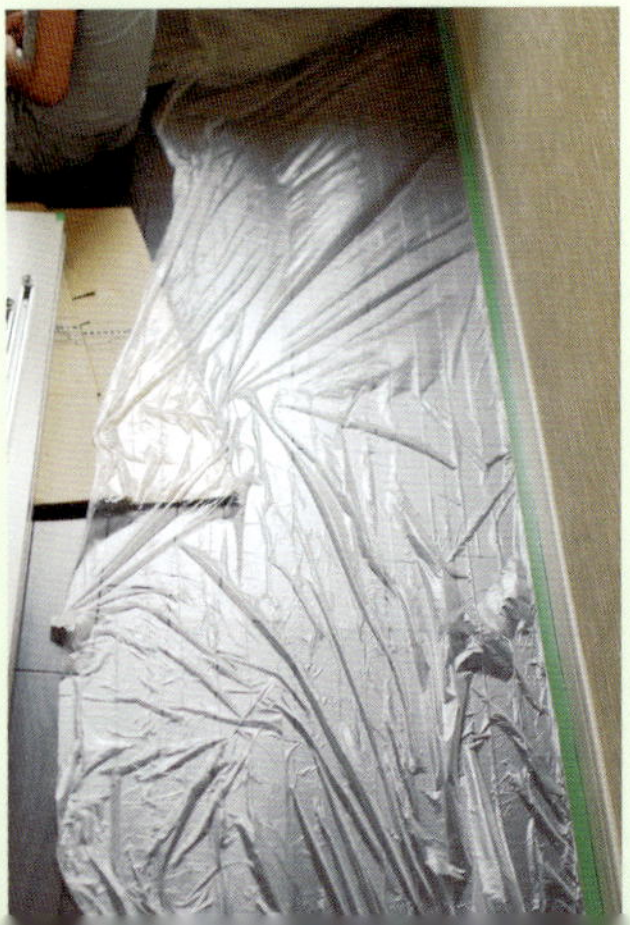

2

マスカーを使って養生して

Before

3 ペンキ塗りスタート！

ダンボールや新聞紙を敷いて、子どもを怒らずにすむ工夫を！

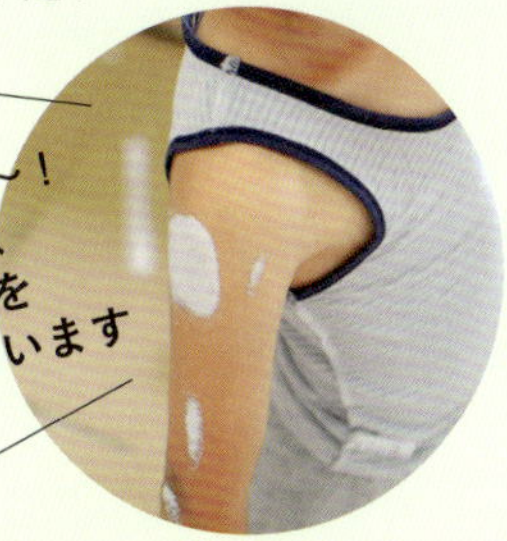

汚れてもOK～！なように、古着や服を裏返して着ています

手にわざと塗ってます！

4 After

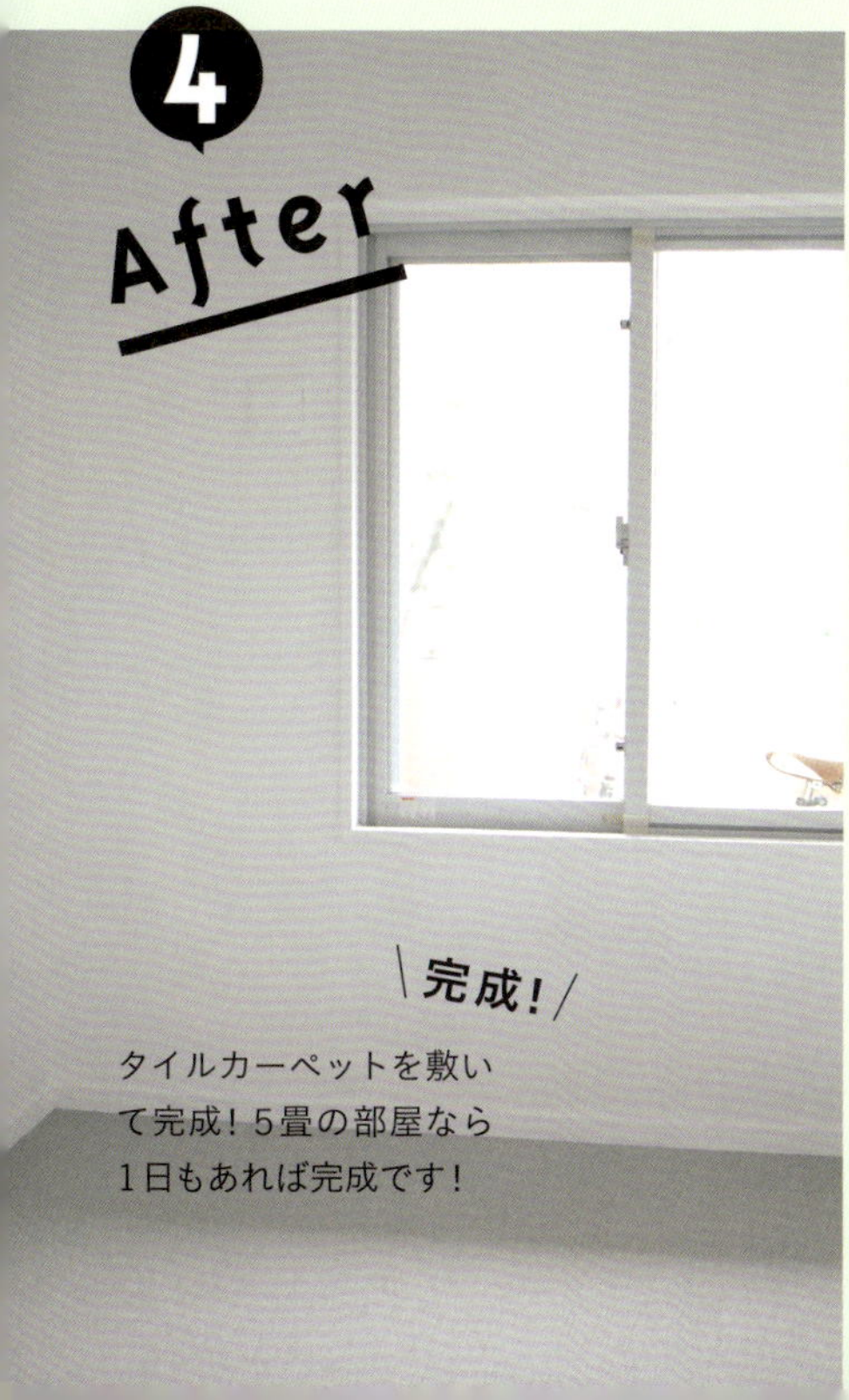

完成！

タイルカーペットを敷いて完成！5畳の部屋なら1日もあれば完成です！

中古マンションでも自分たちでつくっていくことで、どんどん愛着がわいていきます。汚れたらまた塗ればいっか！もうれしいポイント

わが家のベランダ

一般的な3LDKのマンションに住むわが家。
リビングのソファに座ると丸見えのベランダがあまりにも殺風景で、
ベランダにウッドタイルを敷き、リビングの一部にすることに。
そこから夫がどんどんグリーン好きになり、ベランダが緑化されていきました。
週末は朝はここでコーヒーを飲み、
子どもと一緒にのんびり過ごしたり、昼間からビールをここで。
まさにわが家のリビングとなっています。

平日は乾燥機派のわが家ですが、週に2回洗濯物をここで干します。物干しもシルバーを選んで

リビングソファの付属クッションを敷いて

休日、夫はここで読書

朝の水やり＆エサやりは子どもの仕事

床はウッドタイルにオイルステインを塗りこんなふうに

ウッドタイル
木の質感がベランダに温かみをプラス
（ウッドタイルジップ450／ぼん家具）

時々ベランダで朝ごはん

＼これは大人だけでつくりました！／

ままごとキッチン

1歳のクリスマス。おままごとに興味がでてきた子どもたちへの
クリスマスプレゼントに、ままごとキッチンを探したものの、
数万円もするものばかり！
これは手づくりしよう！ と挑戦することになりました。

用意したもの＋家にあるもの

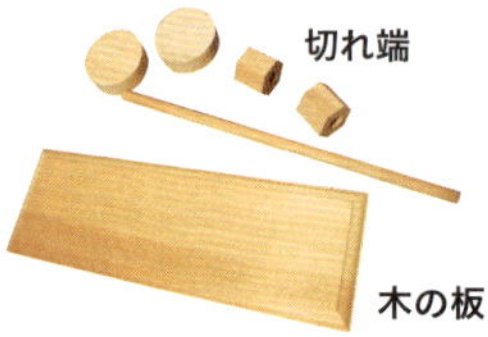

切れ端

木の板

・ステンレスのタオルバーの部品
・アルミトレイ
・コルク鍋敷き
・ボンド

＼なんと！
合計2000円！
できたよ／

1

まずは土台を設置

元々持っていた木の棚の上に、ままごとの土台を設置。後ろにあるのは、いただいた黒板。こういった棚がなければ、カラーボックスでも代用可能！

2

タオルバーを設置

タオルバーもしっかり設置。ホームセンターでバラバラに売られていたパーツを組み合わせました

土台を裏から見たところ。ホームセンターでカットした木を組み合わせました

シンクに見立てたのは
冷蔵庫に元々
ついていたアルミのトレイ

3

水道の蛇口を設置

この水道蛇口、元々は（2個使うと）タオルバーになる部品として売られていたものなんです。これを蛇口に見立てました

4

IHコンロはイケアのコルクの鍋敷きで

IHコンロに見立てたのは、イケアのコルクの鍋敷き。コンロのつまみは、ホームセンターで元から丸い形に切られていたものをボンドで接着しました

5

夫とふたり、アイデア出し2時間、買出し1時間、制作1時間、合計4時間のパパットキッチンの完成です！ 実は釘は一本も使わずに、木工用ボンドで接着しただけ。なんと、合計2000円でできました！ 新しいものが欲しいなと思ったときは、まず、買わずにつくれないかな？ と考えてから、が基本です！

Topic 6

パパコラム

夫は、子どもたちが5歳までは、
仕事が忙しく、毎夜、日付が変わっての帰宅。
当時は海外出張も多く、双子が3歳のころは半年間海外赴任。
その間一度も会えない時期もありました。
今では働く環境を変え、
密に子どもとコミュニケーションがとれるようになりましたが、
私から見て、夫は子どもと会えない時間が長くても、
上手につきあっているな～と感じます。
むしろ私よりあそび上手な夫に、
インタビューしてみました。

今日も1日がんばろう!

1 子育てで一番大事にしていることって何?

何より大事なのは、子ども自身が「自分は親に愛されているって気持ち」。それがあるだけで、子どもはすくすく成長すると思う。勉強やスポーツ、お手伝いやいろんなことができたらそれは嬉しいけど、何よりまずは、「愛されてるな～」って子どもが感じてくれたらそれで十分!

だから、愛情表現をストレートにする!（笑）。好き! よくやったね! 可愛い! 生まれてきてくれてよかった～! って、言葉だけじゃなく、抱っこしたり、頭をなでたり、大げさなくらい体で表現してるかな。

2 子どもとのあそびの中で大事にしていることは?

「オレも楽しむ!」ってこと。自分が本気で楽しいと思っていることは、子どもにも伝わる気がするし、例えばサッカーは、自分が好きでやっていたことに息子が興味をもってくれて、近所のサッカー少年やパパとの出会いもあり、どんどん輪が広がっている。もちろん、子どもが興味のあることから、自分も興味をもつこともあるよ。例えば、カニや蝉は、小さい頃はさわれたのに大人になってからは、さわるなんて無理! と思っていたけど、子どもが生まれ自然と触れることで、子どもの頃の自分の感覚を取り戻した感じ!

3 子どもとの関わりで意識していることは?

「徹底的にほめる!」こと。何をしていても、ほめるところを探している。例えば息子とサッカーをしているときに、シュートが外れてしまっても、「シュートを打とうという気持ちがよかった!」「そこまでいくドリブルがよかった!」というように、過程をほめるようにしているかな。
それから、「父親らしい、母親らしい」をあまり考えない。うちの家は、そのときできる方ができることをする、というスタンス。家事も、仕事も、その時々によって比重や役割が変わるし、「男だから、女だから」という形ではなく、「自分らしい」を大事にしたいなと思っているよ。

4 双子を育てる中で、難しいと感じることはある?

基本的には双子でよかった! と思うことがほとんどだけど、最近は子どもたちがやりたい! とはじめた、ドリルをやっていると(Emi注:朝15分だけ机に座っています)、同じ問題を解く際に、どうしても、早い方、遅い方、また、得意、不得意が出てきて、片方がすねる、悔しくて泣くという状況が……。同じ問題、同じレベルのことをするときの双子ならではの難しさがでてきたかな。今のところ、別の問題をすることで、相手のことがあまり気にならないように……しているかな。

あとは、時々、自分がイライラしていると感情的に怒ってしまうことは反省してるかな……。人間だから仕方ないけど、そんなときは、時間をおいてから、あのときはごめんな、とあやまるようにしているよ。

今回インタビューをしてみて、
答えが私とおんなじ! とびっくり、
そしてやっぱり話し合って
色々決めてきたからだな〜と感じました。
私も時々感情的になることはあるけれど、
ごめんねとあやまる姿勢は、
家族みんな一緒だな〜と思いました。
これからも、家族で力をあわせて
がんばっていこう!

column 5

「大切に」ってどういうこと？

子どもたちが通う保育園からのおたよりにこんなことが書いてありました。

――「大切に」とはいったいどういうことでしょうか。保育園では子どもに伝えるための様々な取り組みをしています。幼児クラスでは、おもちゃが壊れたりひとつでもなくなった時は、都度みんなで集まり話し合いをし、気持ちに寄り添いながらルールを決めていきます。子どもたちが未満児の場合でも、壊れたり破れている絵本を、そのままにせず、その都度子どもたちの目の前で修理するようにしています。また絵本は表紙がこちらを向くように元に戻すなど、常に整理整頓するように。子どもたちは身近な大人が物を修理し、壊れないように扱う姿を目の当たりにすることで、「大切にするってこういうことか」という気持ちが生まれ、また大人が整理整頓する姿からは物の置き方や並べ方に美しさ、心地よさが感じられるようにしています。その繰り返しの中で「大切にすること」「整理整頓すること」がやがて身についていくものと考えています。――

これを読み、当たり前のことだけれどできていないことがあるな、と自分自身を振り返りました。

「おもちゃを大切にしなさい」「挨拶はちゃんとしてね」と、口で言うのはとっても簡単だけれど、ちゃんと大人が態度で示すのが一番大切なことですね。

Chapter 6
みんなの悩み Q&A

ブログの読者のみなさまや、レッスンの受講生からいただいた、
「Emiさんちはこんなときどうしてる？」にお答えいたします。
雨の日の過ごし方、車の渋滞などの待ち時間、
おもちゃを買うタイミング、などなど、ご参考になれば幸いです。

Q 「雨の日はどう過ごしているの？」

by 雨の日は一日中イライラ…のママ

ピザ、お待たせしました～

A 家の中で過ごすときは…

レジャーシートでお昼ごはん

雨が降ってきた！ 子どもたちが小さいと、丸一日家のなかで遊ぶのも正直言って一苦労ですよね。そんなときは、いつものお昼ごはんを、きれいに拭いたレジャーシートを広げて床で食べてみたり、ちょっと違った気分で楽しめる工夫をしています。この日は、娘の希望でピザ宅配ごっこ。チラシをみながら電話注文をし、余った餃子の皮でミニピザ完成！

A みんなで写真整理

どうせずっと家にいるのなら、そんなときこそ写真整理！ パソコンを開いて、「どの写真がかっこよくうつってるかな？」「このときたのしかったね！」と言いながら、子どもと一緒に写真を選んでゆきます。（P90参照）

雨でも外に出かけたいときは…

A

スマホで「○○（地名）／雨／あそび／子ども」と検索

雨が続くときなどは、ずっと家にいても退屈ですよね。雨でもあそべる場所を見つけておくと、ちょっと安心です。

わが家の場合、スマホで「○○（地名）　雨　あそび　子ども」で検索。するといろんなあそびがヒットします。みんな困っていることは同じようです（笑）。

また、プラネタリウム、児童館など、新しい未知の場所へ出かけるきっかけにもなりますね。

雨が降ったとき、あーあ、残念……と思うだけでなく、今ある状況を受け入れて（笑）、別の考えに切り替えられるようになれたらいいな、と思っています。お天気は自分では変えることはできないですもんね。

Q

「車の渋滞中や病院の待ち時間……
どう過ごしているの？」

by 待ち時間イライラしちゃうママ

A

しりとりや指あそびがおすすめ！

いっせーのせ
ゼロ！

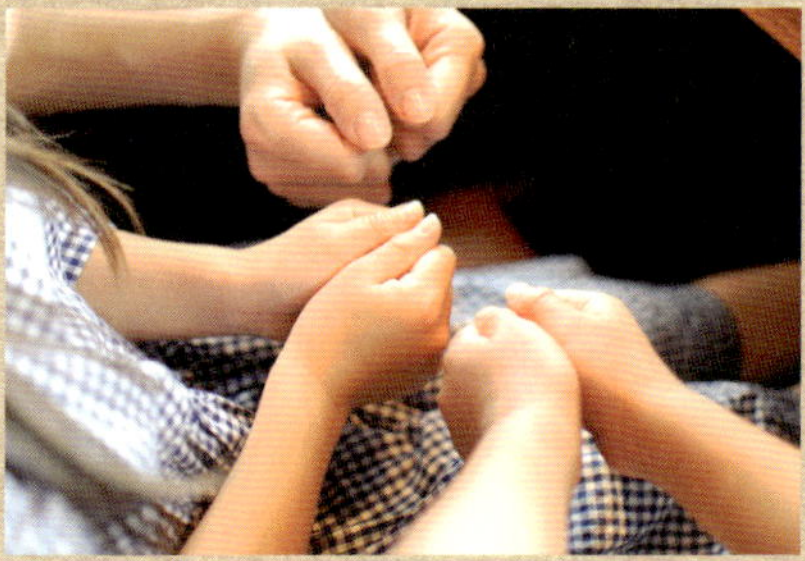

できるだけ渋滞のない時間にスムーズに帰宅できたり、待ち時間がないのがベストだけれど、なかなかそうはいかないものですよね……。そんなときに限って子どもがグズグズ……。そういうときは、私がイライラすると、どんどん悪循環になってしまうので、「あそびの時間ができた！」と切り替えることに（笑）。車のなかでは、「しりとり」や、スマホ検索で「年齢別のなぞなぞ」をクイズにだしてみたり。病院やレストランでの待ち時間は、「指をつかって、いっせーのーせ！」のゲームや、背中や手のひらをつかって、「何をかいたでしょう？」と、ひらがなをかいてゲームをしてみたり。

わが家の車には、DVDもついていませんし、スマホゲームやDSなどのゲームも持っていません。親の私たちがあまり興味がないということもありますが、今の時期は家族が一緒にいるときには、個別の遊びに熱中、よりは、できるだけみんなでできるなにかがいいな、と思っています。

なにかいたかわかる〜？

Q

「Emiさんちはいつも外遊びばかり？
ショッピングモールには行かないの？」

by ショッピングモールが大好きな母

A

買いもの大好き！ でも混雑する時間を避けて行きます。

もちろんありますよ！ 子どもの洋服を買いに行くのは、ショッピングモールが多いですし、雨の日もよく行きます。ただ、週末はどうしても混むので、意識しているのは「できるだけ、朝いちばんに行くこと！」。
10時オープンのモールなら、開店と同時に入店！ すると、車も人も少ないし、お店の陳列もとっても綺麗にならんで気持ちがいい。お昼ごはんも12時に行くと大行列ですよね。子どももお腹が減って待てないし、椅子も取り合いに……ということになりかねません。でも、フードコート開店後すぐに行けば、ゆったりランチができます。

「小さなころの思い出グッズはどう残しているの?」

by 大事なものを段ボールにいれっぱなしのママ

メモリアルBOXにまとめて本棚へ!

子どものへその緒、ファーストシューズ、おしゃぶりなど、思い出グッズの置き場、困りますよね。おかたづけにお伺いしたお客様のお宅では、リビングの引きだしに、とりあえずいれたまま、押し入れの段ボールにいれっぱなし、という方も多くいらっしゃいます。

私も、先日までは箱にいれてクローゼットにしまい込んでいたのですが、子どもたちも大きくなってきて、見返しやすい場所に置いてあげたいな、と思い、オリジナルで「本棚に立てて置ける、メモリアルボックス」を企画しました。双子それぞれひとつずつ。中には、手形、足形、1歳までの育児日記など、思い出のグッズをいれています。最近は、抜けた歯、も一緒に!

「本棚に立てて置けるメモリアルボックス」(ナカバヤシ株式会社)

Q

「大胆なあそびをさせてあげたいけれど、
後片付けが大変そうで……」

by クリエイティブな子を育てたいママ

A

ワークショップに参加するのがおすすめです。

大きな段ボールを使って家づくり！のワークショップ

わかります……家のなかに広いスペースや道具があれば別ですが、なかなかそうはいかないものですよね。わが家も、一般的な3LDKのマンション。あそばせてあげたいけれど難しい。準備が大変……そう思うときも正直いってあります。

そんなときは、地域のワークショップに参加がおすすめ！ 市政ニュースに掲載しているものや、ネット検索で、お住まいの地域名と、「子どもワークショップ」などと検索するといろいろとでてきますよ。

わが家も、時々参加しています。大きな段ボールで家をつくるワークショップや、廃材をつかっての車づくり。広いスペースでのびのびさせてあげられるし、自分で道具を準備しなくてもよいので、ラクチンです。

青空の下でのワークショップ。木の切れ端の中から自分で組み合わせを考えてオブジェをつくります。

Q

「子どもの習いごと、どうやって決めているの？」

BY いろんな習いごとで迷ってしまうママ

A

まわりに流されず、タイミングが来るまで待ちました。

わが家の子どもたちが習いごとをはじめたのは、4歳の春でした。いまは、それぞれふたつの習いごとをやっています。もっと早いうちからいろいろとはじめているお友達や、新しい習いごとをはじめたお友達の話を聞くと、正直少し焦った時期もあったけれど、自分たちの子どもをみて、タイミングが来た！と思えるまでは何もはじめませんでした。

そんななか、ワールドカップのサッカーをみて、食い入るように試合を観戦し、サッカーに興味をもちはじめた息子。ほかのことはあまり集中が続かないけれど、制作やお絵かきには夢中になる娘。そのふたりの様子をみて、それぞれ習いごとをはじめました。教室を選んだポイントは、見学にいった際、先生が、子どもの目線になって話されていたこと、また、教室で使う道具をとっても大切にされている姿をみて、ココにしよう！と決めました。もちろん、子どもたちの意見もとりいれて。周りに流されず、何をするか、どこを選ぶか、も自分たち家族の軸で決めていけるとよいなと思っています。

Q 「週末のあそびはいつもどうやって見つけるの？」

BY あそびにバリエーションがないママ

A 公共の市政ニュースやフリーペーパーを参考にしています。

私は、自宅に届く、市政ニュースや、地域のフリーペーパーから得る情報を参考にしています。フリーペーパーなど、「後からチェックしよう！」と思っていても、一度も見返したためしがない、というのはよくある話。私の場合は、ポストに届いたものを玄関でパラっと見て、気になるものは、スマホでパシャっと撮影。行きたいものは、その場で、スマホのカレンダーにスケジュールを入れてしまいます。

夫婦でスケジュールを共有しているので、夫ともシェア。実際には行かないこともありますが、他の予定をいれる際に、スケジュールをみながら調整できるので、「あのイベント、行きたかったのに忘れた……」ということもなくなり、とってもよいです。

Q

「兄弟ゲンカがたえません……
どうしたらいい？」

by けんかやめなさーい！っていつも言っちゃうママ

A

「ケンカをやめなさい」
ではなく別の言い方を
心がけています。

わが家も一時期、双子同士のケンカが頻繁なときがありました。そんなとき、たまたま遊びにいった2歳差の男の子兄弟をもつ友人宅でこんな出来事がありました。ちょうど遊びに行ったときに、ケンカがはじまりました。どうするのかな？と見ていると、「どうやったら仲良く遊べるか考えてみ〜？」とママがひとこと。

そのひとことを聞いて、そこからずっと真似させてもらっています。「ケンカをやめなさい！」って言うのは簡単だけれど、子どもたちだって、やめたいけれどやめられないんですよね。

言葉をひとつ変えるだけで、子どもたちは「はっ！」とするようです。もちろんすぐに効果が現れるわけではないけれど、気長に気長に……と自分に言い聞かせています（笑）。

Q 「おじいちゃん、おばあちゃんの孫あそびはどんなふう？」

by じいじ、ばあばが困ってますママ

A 無理に子どもに合わせるのでなく、自然体で好きなことをしてもらうとOK!

私の両親はまだ仕事をしていることもあって、時々しか会えません。母は孫への愛情はたっぷりですが、どちらかというと、「孫とあそぶのが得意」ではないほう。昔は、「どうあそんであげたらいいか難しいね〜」と言っていたころもあったような。でも、よく見ていると、最近はとっても楽しそうです。「孫に合わせてあそぶ」というより、「自分が好きなことをしてそれを孫と一緒にやる!」というスタンスに変えてからでしょうか。
たとえば、母は洋裁が得意なので、一緒に巾着袋をつくる、趣味のお菓子づくりを横で一緒にやる、など、孫に合わせすぎず自分も楽しむ。その楽しさが、孫にも伝わる！ そんな風に思います。よく考えてみたら、私は母の影響があったのかな？
かわって主人の母は、あそびがとっても上手！ 一緒に毛布でおうちごっこをしたり、ままごとをしたりと、孫に合わせてあそぶのが上手です。私も学ぶところがたくさん。タイプの違うふたりの母がいて、子どもたちも私もとってもありがたいことですね。

Q

「Emiさんちは、おもちゃを
どのタイミングで購入するの？」

by 欲しい！と言われるとついつい買っちゃうママ

A

基本は年に2回と決めています！

わが家は、おもちゃを購入するのは「誕生日」「クリスマス」の年に2回と決めています。クリスマスは、サンタさんにお手紙を書いて、ツリーにぶら下げて。おもちゃがやってくる前に、一度子どもたちと一緒に、おもちゃの見直しを（P.53、82参照）。新しいおもちゃがきたらどこにおこうかな～？ なんて一緒に考えながら。

もちろん、ファミレスなどでもらうキャラクターもののおまけグッズも大好き！ 時々もらっては大事に、置いてあります。

絶対に買わない、絶対に家にいれない、という厳しいルールではなく、ある程度のルールを持ちながら、時々ゆるやかに、でもルールはある、という、スタンスのわが家です。

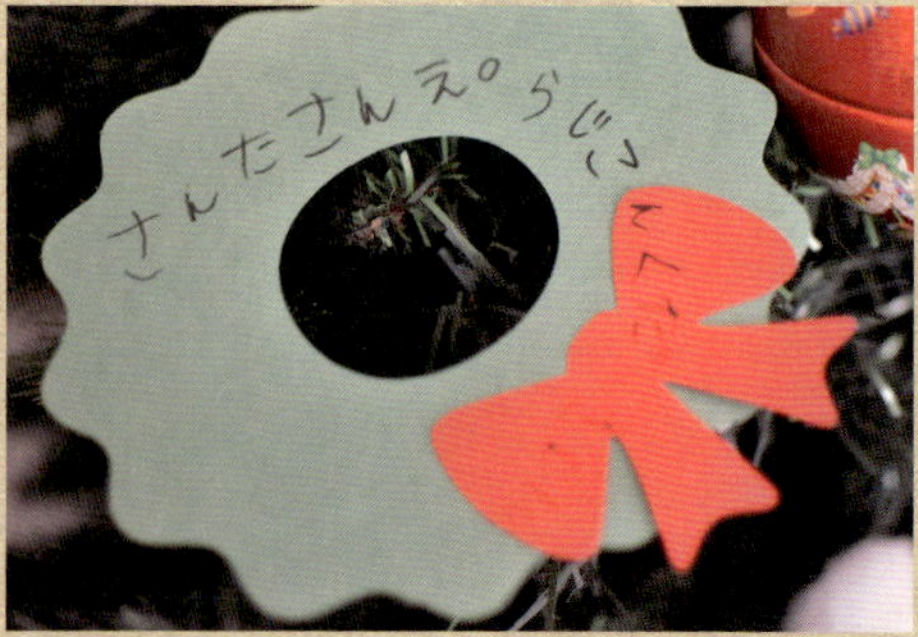

Q 「子どもがテレビやスマホに夢中……Emiさんちはどうしてる？」

by あまりに子どもが夢中になるので不安になっているママ

A 2歳のころ息子はテレビ大好き！ でした…。今はルールを決めて！

息子は、2歳のころ、とある番組が大好きで、毎日毎日テレビの前から離れない時期がありました。

このままではテレビっ子になってしまうかも……そう思ったものの、無理矢理テレビを消しても、泣いて泣いて暴れ回る始末。「ブームの時期はいつか過ぎるはず……」と思って数ヶ月。ぱたっと興味がなくなった様子。

6年育児をしてきて思うのは、やはりなにかにこだわり固執する時期ってあるのだな、ということ。あるところまでは、思うようにやらせて見守るのも、大事なことなのかもしれない、と思った出来事でした。
いまは、サッカーの試合を見るのがブーム。うちではYouTubeは試合だけ、と決まっています。ルールを決めて守るのは、大人も一緒。子どもは大人をよ～く見ていますもんね。

おわりに——がんばりすぎない子育て

子育てにはきっと、これが正解というものはないのかもしれません。はじめての子育てには迷いも悩みもつきもので、つい子どもをよその誰かと比べたり、自分の子育てのあり方に悶々と悩んだり。

子どもと遊ぶのが上手だったり、お料理やおもてなしが得意なママ……がんばりたいけれど、なかなか思うようにいかず、ついできない自分と比較して自己嫌悪になりがち。

私自身、仕事が忙しくなると頭がいっぱいで子どもへの接し方に余裕がなくなることもやっぱりあります。

＊

あるとき、友達のパパと、子育て論を語り合ったことがありました。そのパパから、こんな話を聞きました。

「あれをしてあげなきゃ、これをしてあげなきゃ、とついつい親は子育てをがんばりすぎてしまう。でも、がんばると親はもちろん、子どももしんどい。だから自分たちは、できるかぎり『がんばりすぎない子育て』をしようと思っている。親も子どもも楽しいと思うことをする。勉強や習いごとも、そのうち否が応でもしんどいことをしなければいけないことがくる。だからそれまでは、親も子も楽しいと思うことを選んで取り組み、そのなかで、しんどいこともできるだけ楽しみながら乗り越える力を身につけさせたい。お互い、自然体の子育てをしたいよね！」と。

*

がんばりすぎず、楽しみながら、
大人も子どももやりたい！　楽しい！　ことをシンプルにする。
そして子どもが自然と、「大人になるって楽しいことなんだな」と感じてくれたらとてもシアワセなことだな、と思っています。

２０１６年２月

SHOP LIST

スタックストー	03-6416-5255
サンゲツ	info@sangetsu.co.jp
ビスタプリント	0120-777-300
LOHACO	0120-345-987
ナカバヤシ	0800-600-8870
イケア・ジャパン	0570-01-3900（カスタマーサポートセンター）
ぼん家具	0120-482-440
OURHOME	www.ourhome305.com

STAFF

撮影	仲尾知泰（カバー、帯、本文下記頁以外すべて） 著者（p8［下］、13、26［右下］、27［上］、34［上］、35［左］、38［下］、48～52、53［上］、54［上、下］、55［中］、56［上］、58［左下］、59［下］、64、66、73［上、左下］、75、76［上、左下］、77、78［左］、79［上］、80～81、83～87、89、94、95［右］、98［中］、99、100［中］、101［中］、102～103、106～107、112［上］、114［上］、113、120～121）
イラスト	ノダマキコ
AD	三木俊一
デザイン	仲島綾乃＋中村 妙（文京図案室）
校正	大川真由美

OURHOME emi

整理収納アドバイザー。双子の息子と娘の母。「家族のシアワセは、暮らしの基本となる『家』から」をコンセプトに、2008年ブログ「OURHOME」を開始。大手通販会社で商品開発を8年経験後、2012年独立。各種セミナー開催、講演、商品企画プロデュースなど多彩に活躍。2015年には兵庫県西宮に「OURHOMEくらしのレッスンスタジオ」を立ち上げる。著書に『おかたづけ育、はじめました。』(大和書房)、『OURHOME 子どもと一緒にすっきり暮らす』『子どもの写真整理術』『スチールラックのすごい収納』(以上ワニブックス)、『わたしがラクするモノ選び』(主婦の友社)などがある。暮らしや子育てのアイデアを発信し続けるブログ「OURHOME」は現在月間150万PV。2015年よりメルマガ「OURHOME WEB LETTER」配信も開始するなど、活動の幅を広げている。

HP　ourhome305.com
ブログ　ourhome305.exblog.jp

OURHOME
子《こ》どもと一《いっ》緒《しょ》にこんなこと。
あそびと暮《く》らしと部《へ》屋《や》づくりのアイデア

2016年3月3日　第1刷発行

著者
Emi《エミ》

発行者
佐藤 靖

発行所
大和《だいわ》書房
〒112-0014
東京都文京区関口1-33-4
電話　03-3203-4511

印刷
歩プロセス

製本
ナショナル製本

ISBN978-4-479-78344-2
乱丁・落丁本はお取替えします
http://www.daiwashobo.co.jp

※本書に記載されている情報は2016年2月時点のものです。
商品の価格や仕様などについては変更になる場合があります。
※価格は特別な表記のない限り、税別価格です。
※価格などが表示されていない著者の私物に関しては現在入手できないものもあります。
あらかじめご了承ください。
※本書の収納・家事・あそび・育児方法などを実践いただく際は、建物の構造や性質、
商品の注意事項、戸外の状況等をお確かめのうえ、自己責任のもと行ってください。